低生育水準下中國經濟增長的可持續性研究

曾祥旭 著

低生育作為中國長期的人口變動特徵，
會對人口總量、人口年齡結構、勞動力供給、人口紅利、社會發展等方面產生深刻的影響，
從而必然對中國經濟增長速度和增長模式產生基礎性、全面性和戰略性的影響。
中國經濟已經持續多年保持高速增長，但未來究竟還能保持多長時間的增長，
經濟增長的動力源泉何在，如何才能保持平穩可持續增長，
這都是擺在理論面前的問題，也是中央與各級地方政府關心的重大議題。
理清生育率與經濟增長之間的關係，預見性地研究低生育平下如何保持經濟增長的可持續性，
對於當下的中國經濟具有重大理論意義和政策含意。

序 言

經濟增長要關注人口這個核心要素

近年來，人口紅利、人口老齡化、人口低生育率等問題的研究，不僅在人口學界、計劃生育領域熱了起來，而且成為經濟學、社會學、教育學及其他學科研究的重要課題，要求改革中國現行人口政策的呼籲和建議累見各種媒體。留守兒童關愛事業、養老保障和老齡服務事業、青年農民的技能培訓事業受到廣泛關注，並蓬勃發展。這個新中國成立六十多年來從未有過的現象說明，中國經濟社會發展與人口增長新趨勢形成的矛盾正在凸顯。經濟學的研究，尤其是經濟增長問題的研究，已經越來越離不開人口學尤其是人口增長趨勢的研究的協作和配合。曾祥旭博士所著《低生育水準下中國經濟增長的可持續性研究》一書，是從中國人口發展已形成的低生育水準出發，研究中國經濟增長趨勢的著作。全書立論有據，論述有力，貼近現實，著眼未來，值得我們經濟社會發展研究者、經濟和人口政策制定者、經濟增長和計劃生育政策執行者廣泛關注。

按照人口二重性理論，人既是生產者，又是消費者，因而成為經濟系統中最重要的兩大基本要素。從威廉·配第、亞當·斯密等古典經濟學家，到馬爾薩斯的人口原理，到馬克思主義政治經濟學，再到現代經濟學，學者努力探尋人口因素在經濟增長中的作用，把人口作為經濟增長的內生性或外生性變量，並形成了相應的學說體系。簡要來看，從人口的角度來分析經濟增長的可持續性，要從人口規模、人口結構、人口質量、人口分佈等來進行研究。正如作者所述及的，人口是宏觀經濟變量中的剛性因素之一，並決定了一個經濟體相當長時期的增長過程；人口數量決

定了參與勞動的人數和市場規模；人口的年齡結構及其變化則被視為影響宏觀的資本形成、儲蓄水準、人口紅利水準、城市化等以及工資、成本與利潤的重要因素；人口的區域分佈和遷移流動與財富和資源配置的流向、戶籍制度等有密切的聯繫；人口的產業分佈在一定程度上決定經濟結構、產業結構及經濟發展方式轉變；人口質量則直接決定了經濟增長中的人力資本投資與形成、技術創新、經濟效率等。這些都是人口與經濟增長的聯繫。

對中國經濟長期高速增長進行解釋一直是理論界的重要研究議題，對此的共識是，人口是中國經濟增長的重要因素之一，勞動力的比較優勢確立了中國作為「世界工廠」的地位，而人口轉變所引致的人口紅利為經濟增長提供了強有力的支撐。對當前出現的經濟增長下行現象，除國際金融危機、歐債危機、國內需求提升緩慢等解釋外，人們對「未富先老」的快速老齡化、人口紅利的大幅下降，計劃生育政策的後遺問題，表現出過去少有的疑慮。

當前，低生育率已經成為全球範圍內的普遍人口現象，引起了各方的高度重視。歐盟、俄羅斯、日本、韓國等國家都高度重視低生育率問題，經濟學界、人口學界等對此也進行了廣泛探討。中國的生育率自上個世紀90年代以來就已經低於更替生育水準，第六次人口普查數據更是表明中國總和生育率僅為1.18，已經成為世界上生育率極低的國家。低生育率作為中國長期的人口變動特徵，會對人口總量、人口年齡結構、勞動力供給、人口紅利、社會發展等方面產生深刻的影響，從而必然對中國經濟增長速度和增長模式產生基礎性、全局性和戰略性的影響。另外，中國經濟已經持續多年保持高速增長，但未來究竟還能保持多長時間的增長，經濟增長的動力源泉何在，如何才能保持平穩可持續增長，這都是擺在理論界面前的問題，也是中央與各級地方政府關心的重大議題。由此，理清生育率與經濟增長之間的關係，預見性地

研究低生育水準下如何保持經濟增長的可持續性，對於當下的中國經濟具有重大理論意義和政策含義。曾祥旭博士的這一著作就深化了該領域的研究，有效地拓展了經濟增長領域的內容與維度。我認為這篇著作有兩個方面的特點，尤其值得關注：

　　第一，清晰明確地回答了人口與經濟增長理論的關係。關於人口與經濟的關係，學術流派較多，學術觀點也不盡相同，爭議較多，有很多「兩難」問題。對此，作者從考證人口規模與經濟規模的歷史關係出發，探討人口在經濟增長中的作用，從經濟增長理論、經典人口經濟理論，西方學者對人口與經濟增長關係研究的突破等方面展開理論分析和文獻述評，並就中國學者對人口紅利、人口轉變與經濟增長，人口年齡結構、撫養比變化與儲蓄率關係，勞動力供給、劉易斯轉折點與經濟增長等方面的研究進行述評，理清了人口與經濟增長的理論脈絡。通過文獻梳理，作者得出了人口因素一定程度上決定著經濟增長的中長期趨勢的結論，指出了正確的理論模型要同時滿足把長期的人口增長和長期的技術變遷看作是經濟增長的內生過程，認為人口紅利的存在只是經濟增長的潛在機遇，這種機遇能否兌現還取決於一個國家或地區的宏觀經濟管理、勞動力配置、制度因素、貿易開放度、教育培訓政策，等等。這些都體現了作者對於人口與經濟增長領域深入的思考。循著人口與經濟增長的邏輯，作者從生育率這個核心變量出發，指出了生育率影響人口的總規模、人口年齡結構、勞動力數量與分佈、撫養比等人口統計學變量，再影響人口紅利、勞動就業及人口老齡化等人口經濟綜合變量，進而影響供給、需求、產業結構、儲蓄、投資及資本生成等經濟增長諸多變量的作用路徑。作者據此展開思路與研究計劃，系統論述了中國經濟增長與人口要素的關係，建立了低生育水準對經濟增長影響的理論解釋框架，使全書研究的思路清晰，邏輯連貫，前後呼應，渾然

一體。

　　第二，書中的一些判斷與結論具有促進政策創新的意義。作者關於中國目前的總和生育率、人口紅利、勞動力供求關係，劉易斯轉折點的判斷依據充分，計算出了人口紅利對中國經濟增長的貢獻率，指出了低生育率對人口紅利、勞動力供給、人口老齡化、資本邊際報酬率的影響。這些分析判斷抓住了問題的關鍵。指出勞動力有限剩餘對當前中國經濟發展方式轉變會產生倒逼機制；即使保持當前低生育率，中國一定時期內仍然具有勞動力比較優勢；認為更應該從經濟發展視角審視劉易斯轉折點的當前狀態很有見地；提出人口老齡化的到來可能形成中國經濟增長新的源泉，給中國帶來第二人口紅利等等。這些觀點和結論都具有一定的理論水準和現實意義。在此基礎上，作者還提出了具有現實指導意義的對策建議，如調整生育政策實現人口均衡發展，高度重視人口質量對數量的替代，推動勞動與就業城鄉一體，倡導個人儲蓄養老，推進城鎮化和擴大消費，等等，都不失為富有見地和可以操作的政策方向建議。

　　本書作者是一位青年學者，他刻苦研究、善於思考、為人踏實，主研過多項國家級及省部級課題，在國內核心期刊發表文章十餘篇。他曾在聯合國人口基金、中國人口學會等舉辦的2008年中國人口學家前沿論壇上獲「未來人口學家」稱號，還獲得過四川省第十四次哲學社會科學優秀成果三等獎。這部著作得到了西南財經大學「211工程」建設項目資助，這也是對他及其研究成果充分認可的有力證明。我很高興看到青年才俊投身到經濟研究中來，也希望作者能百尺竿頭，更進一步，多出優秀成果，為國家經濟建設和現代化多作貢獻。

林　凌

內容提要

　　人口是宏觀經濟變量中的剛性因素之一，是理解經濟增長的一個重要線索，對經濟增長產生著極為重要的影響，並決定了一個經濟體相當長時期的增長過程。歷經了生育率的快速下降，中國當前正處於低生育水準階段，這會對人口總量、人口年齡結構、勞動力供給、人口紅利以及經濟增長與社會發展等方面產生深刻的影響，認清這一現象並對此進行深刻剖析，對正在發生深刻轉變的中國經濟增長具有重大的政策含義。

　　基於此，本書運用人口學及經濟學的相關理論和研究方法，在理清人口與經濟增長的理論脈絡基礎上，分析了低生育率與經濟增長的關係和機制，並從人口規模和人口結構的相關變量出發，確立了低生育水準下人口紅利、劉易斯轉折點、人口老齡化問題等方面對經濟增長的影響的主體框架，最後提出了相關政策建議。具體而言，本書共分為八章。

　　第一章是導論。本章提出了研究的背景、意義以及要討論的相關問題，闡述了本書的研究思路及方法，介紹了本書涉及的基本概念，提出了本書的基本框架，總結了本書的創新及不足。

　　第二章是文獻回顧與理論框架。循著本書所要涉及的諸多方面展開文獻述評及理論研究，並從經濟增長理論、經典人口經濟理論、西方學者對人口與經濟增長關係研究的突破展開理論分析和文獻述評。接著對中國學者在這一領域的相關研究進行了述評，依據對理論和文獻的研究，最後提出了本書的理論框架。

　　第三章分析了中國經濟增長中的人口因素貢獻。首先對中國人口發展狀況進行總結，對經濟增長與人口因素的關係進行了一般性的分析，並在新古典增長理論框架下研究了中國經濟增長中

的人口因素貢獻。研究表明，人口因素與經濟發展保持著較為良性的關係，對經濟增長做出了積極的貢獻。

第四章分析了低生育水準的現狀及其與經濟增長的長期關係。本章對低生育水準的現狀進行了探討性研究，深入分析了低生育水準形成的若干影響因素，並對全球範圍的低生育水準進行了分析總結，最後運用協整方法得出了生育率與經濟增長的存在長期因果關係。第三章和第四章的研究和相關結論也為第五、六、七章的主體內容提供了基礎性研究背景和結論，以使得後面章節深入展開的邏輯合理。

第五章分析了低生育水準下人口紅利與經濟增長的可持續性。本章對中國低生育水準與人口狀況進行了討論，認為中國目前仍處於人口紅利期；分析了人口紅利對經濟增長的作用機制，主要通過更高的勞動參與率、更高的儲蓄率和儲蓄總量、更優的勞動力資源配置來影響經濟增長；研究了人口紅利對儲蓄率的影響，發現總撫養比的下降對儲蓄率存在顯著的正向影響，其彈性係數為0.142；並測算了人口紅利對中國經濟增長的貢獻率，結果表明貢獻率達到20%左右；最後對人口紅利的消解與轉化，及其對中國經濟增長的影響進行了研究，認為挖掘人口紅利貢獻，開發收穫第二人口紅利是重要方向。

第六章研究了低生育水準下勞動力供給、劉易斯轉折與經濟增長的可持續性。本章首先分析了低生育水準與勞動力供給的關係，認為改革開放以來的勞動力無限供給是中國經濟增長的重要因素，但未來的低生育水準會導致勞動力增速放緩並逐步減少；通過長期的判斷與現實層面的證據得出了中國的劉易斯轉折點已經到來的結論；考察了國際上劉易斯轉折點到來的經濟影響，包括經濟增長速度，經濟結構、產業結構會發生轉變。據此來研究

中國現實，認為中國在劉易斯轉折點到來後仍可繼續保持經濟的持續增長，可以選擇的戰略方向則包括促進消費增長和升級，推動產業結構升級，縮小城鄉差距和推進城鎮化。

第七章分析了人口老齡化與經濟增長的可持續性。本章首先分析了低生育水準下人口老齡化的特徵，認為與發達國家不同的是，中國的人口老齡化是在計劃生育政策的實施下快速完成的，帶著特有的轉變痕跡，具有老化速度快、總量大、水準高、區域分佈不平衡、勞動人口年齡老化、高齡化等特徵。分析了人口老齡化的經濟後果，包括經濟負擔加重、勞動生產率的負面影響，對產業結構的影響等。我們應該看到人口老齡化的正向和負向效應並存，除積極應對負向效應外，還應該從正向效應的角度去挖掘。並以老年消費市場為例進行了研究。

第五、六、七章是本書的主體部分，即在低生育水準的現實條件下，從人口紅利、劉易斯轉折點、人口老齡化這三個維度與中國經濟增長如何保持可持續性進行了現實考察，並結合研究結論提出了經濟增長可持續性的方向。

第八章是結論與政策建議部分。本章對本書的研究結論進行了歸納總結，得出了五個基本結論，即生育率轉變有積極意義但存在現實風險，勞動力總量貢獻巨大但未來可能短缺，人口紅利最終會消解但第二人口紅利將續存，劉易斯轉折點的到來揭示中國經濟增長方式轉變的機遇但同時也意味挑戰，人口老齡化存在諸多負面影響但要深入挖掘其積極因素。並圍繞實施人口均衡發展戰略、經濟結構戰略性調整戰略、勞動力質量替代的人力資本戰略、勞動力全面流通戰略、利用人口紅利並獲取第二人口紅利戰略、人口老齡化的積極應對戰略、推進城鎮化與擴大消費的戰略這七個方面進行深入論述。

以上八章共同構成了本書的四個部分，即研究基礎、基本狀況、現實考察、結論對策。這四個部分相互聯繫，層層遞進，具有較為嚴密的邏輯關係。其中第一部分主要提出了「為什麼要研究低生育水準下中國經濟增長的可持續性？」第二部分回答了「中國經濟增長可持續性是在何種程度上的人口因素與生育水準上展開的？」第三部分主要回答了「低生育水準如何影響到中國經濟增長的可持續性及其方向何在？」第四部分給出了本書研究的基本結論與政策建議。

　　關鍵詞：低生育水準；經濟增長；可持續性；人口紅利；劉易斯轉折點；人口老齡化

Abstract

Population as one of the macroeconomic variables, as one of the important clue for understanding economic growth, have an extremely important effect on economic growth, and determine the economy's growth process quite a long time. A Simple view, population size determines the number of people participating in the labor, consumer market scale; population age structure and future changes were seen as a major factor of capital formation, savings levels, the demographic dividend levels, urbanization and the wages, cost and profit; the regional distribution population have a closely contract with migration and mobility, the flow of wealth and resources, the household registration system; the industries distribution of population determined the economic structure, industrial structure and economic development pattern; the quality of the population directly determines the formation of human capital investment, technological innovation and economic efficiency.

Currently, the low birth rate as a new demographic phenomenon has aroused the concern of the international community more deeply, many economists, demographers discussed the status of low birth rate, formation mechanism, economic and social impact. China is now in the stage of low fertility level, which is also researched by China』s scholars.

Based on this, this book used demographic and economic theories and research methods, based on the analysis of population and economic growth theory, studied the mechanism of low fertility level and economic growth, established a framework of demographic dividend, Lewis turning point, the population aging impact on economic growth, and finally puts forward some policy recommendations.

Specifically, the book divided into eight chapters. The first chapter is about the introduction. This chapter points out the background, significance, and discuss the ideas, methods and basic framework.

The second chapter is about literature review and theoretical framework. This book proposes a theoretical framework, provide the support for further research.

The third chapter analyzes China's economic growth in the contribution of demographic factors.

Chapter Ⅳ analyzes the status of the low birth rate and long – term relationship with economic growth.

Chapter Ⅴ analyzes the relationship of the demographic dividend and sustainability of economic growth under the low fertility level .

Chapter Ⅵ analyzes the labor supply, Lewis turning point and sustainability of economic growth under the low fertility level .

Chapter Ⅶ analyzes the relationship of population aging and the economic growth.

The fifth, sixth, seventh chapter is the main part of the book that is on the conditions of low fertility level how to maintain the sustainability of China's economic growth. The factors including the demographic dividend, Lewis turning point, population aging.

Chapter Ⅷ is about the study conclusion and policy recommendations.

The above eight chapters constitute the four parts of the book, that the research base, situation, realistic inspection, conclusion countermeasures.

The first part of which put forward the 「Why study the low fertility levels and the sustainability of China's economic growth?」. The second part answered 「The sustainability of China's economic growth is carried out on the extent to which demographic factors and fertility levels?」. The third part answered 「The low birth rate and how it affects the sustainability of China's economic growth and its direction?」. The fourth part of the book is given to the basic conclusions and policy recommendations.

The book has some innovative. Firstly, Combed the theoretical context of population and economic growth, and introduced the low fertility variable into the theoretical framework of population and economic.

Second, answered the demographic factors of China's economic growth, the long-term relationship of fertility and economic growth, interpretation and analysis used the neo-classical growth framework and cointegration theory.

Third, on the basis of the theoretical framework of low fertility level, including the demographic dividend, Lewis turning point and the population aging, how these factors affects the China's economic growth, and pointed out that the future direction of maintaining the sustainability of economic growth.

Fourthly, based on the balanced development of population and the reality of low fertility levels, China's fertility policy should be adjusted, in order to maintain the sustainability of economic growth.

Key words: Low Birth Rate; Economic Growth; Sustainability; Demographic dividend; Lewis Turning Point; Population Aging.

目　錄

序言：經濟增長要關注人口這個核心要素　林凌

1　導論　*1*

1.1　問題的提出及意義　*1*
　　1.1.1　中國經濟增長的理論需求　*1*
　　1.1.2　人口與經濟增長的理論脈絡　*4*
　　1.1.3　低生育水準的經濟影響　*9*
1.2　研究思路與方法　*11*
1.3　基本概念及理論界定　*14*
1.4　研究的創新與不足　*17*
　　1.4.1　研究的創新　*17*
　　1.4.2　研究的不足　*18*

2　文獻述評與理論框架　*20*

2.1　西方經濟理論視域下的人口與經濟增長的研究　*20*
　　2.1.1　西方經濟增長理論中關於人口與經濟增長的研究　*22*
　　2.1.2　西方經典人口經濟理論關於人口與經濟增長的研究　*27*
　　2.1.3　西方學者對人口與經濟增長關係的理論突破　*31*
2.2　中國學者關於人口與經濟增長的相關研究　*36*
　　2.2.1　關於人口轉變、人口紅利與經濟增長關係的研究　*36*
　　2.2.2　關於生育率與經濟增長關係的研究　*38*
　　2.2.3　關於人口年齡結構、人口轉變與儲蓄率關係的研究　*40*
　　2.2.4　關於勞動力供給與劉易斯轉折點的討論　*41*

2.3 簡短評述 *43*

2.4 本書理論框架 *44*

3 新古典增長框架下中國經濟增長的人口因素貢獻 *48*

3.1 對中國人口發展狀況的現實考察 *49*

 3.1.1 人口總量持續增加與未來勞動力數量的快速衰減 *49*

 3.1.2 人口質量提升與人力資本存量增加 *51*

 3.1.3 人口紅利續存與未來人口紅利消解 *52*

 3.1.4 人口老齡化加劇 *53*

3.2 人口因素與經濟增長相關關係的理論分析 *53*

 3.2.1 人口數量與經濟增長協調發展 *55*

 3.2.2 人口質量與經濟發展正相關 *58*

 3.1.3 人口結構與經濟發展正相關 *58*

3.3 中國經濟增長中人口因素的定量研究 *60*

3.4 小結 *63*

4 低生育水準及其與經濟增長長期關係的現實考察 *65*

4.1 關於中國低生育水準的討論 *65*

4.2 中國低生育水準形成的影響因素 *70*

 4.2.1 低生育水準形成的制度環境與社會經濟因素 *71*

 4.2.2 低生育水準形成的人口學因素 *73*

4.3 對全球範圍低生育水準的考察 *76*

4.4 生育率與經濟增長協整分析 *81*

 4.4.1 模型的設定與數據來源 *81*

 4.4.2 計量結果分析 *82*

4.5 小結 *85*

5 低生育水準、人口紅利與經濟增長可持續性研究 *86*

5.1 中國低生育水準與人口轉變 *87*
5.2 人口紅利對經濟增長的作用機制 *88*
5.3 人口紅利與儲蓄率的關係 *90*
5.4 人口紅利對中國經濟增長影響的定量分析 *93*
5.5 人口紅利與中國經濟增長可持續性 *96*
5.6 小結 *99*

6 勞動力供給、劉易斯轉折點與經濟增長可持續性研究 *101*

6.1 中國低生育水準與勞動力變動 *101*
6.2 對中國劉易斯轉折點的理論分析與判斷 *105*
   6.2.1 理論分析 *105*
   6.2.2 判斷依據 *108*
6.3 劉易斯轉折點及其經濟影響的國際經驗考證 *112*
6.4 劉易斯轉折點與中國經濟增長的可持續性 *117*
   6.4.1 一個基本判斷：增長前景依然可觀 *117*
   6.4.2 戰略方向之一：促進消費增長與升級 *119*
   6.4.3 戰略方向之二：推動產業結構升級 *120*
   6.4.4 戰略方向之三：縮小城鄉差距與推進城鎮化 *122*
6.5 小結 *125*

7 人口老齡化、經濟增長與老年消費市場研究 *126*

7.1 中國低生育水準與人口老齡化 *126*
7.2 人口老齡化經濟後果分析 *129*
   7.2.1 人口老齡化與經濟負擔 *130*
   7.2.2 人口老齡化與勞動生產率 *131*

7.2.3　人口老齡化與產業結構升級　*132*
　　7.3　人口老齡化與中國經濟增長的可持續性
　　　　——老年消費市場例證　*134*
            7.3.1　擴大老年消費市場的重要意義　*135*
            7.3.2　當前擴大老年消費市場存在的主要問題　*136*
            7.3.3　推進老年消費市場發展的戰略舉措　*140*
            7.3.4　簡短結語　*143*
　　7.4　小結　*144*

8　結論與政策方向建議　*145*

　　8.1　幾個基本結論　*145*
            8.1.1　低生育水準：轉變的積極意義和現實風險　*145*
            8.1.2　勞動力：總量貢獻與未來短缺　*146*
            8.1.3　人口紅利：消解與續存　*147*
            8.1.4　劉易斯轉折點的到來：是機遇也是挑戰　*148*
            8.1.5　人口老齡化：負面影響與積極因素並存　*149*
　　8.2　政策方向建議　*151*
            8.2.1　調整生育政策，實現人口均衡發展戰略　*151*
            8.2.2　轉變經濟發展方式，實施經濟結構戰略性調整戰略　*152*
            8.2.3　實施勞動力質量替代的人力資本戰略　*153*
            8.2.4　實施勞動力全面流通戰略　*155*
            8.2.5　利用人口紅利，獲取第二人口紅利戰略　*156*
            8.2.6　積極應對人口老齡化的戰略　*157*
            8.2.7　推進城鎮化與擴大消費戰略　*158*

參考文獻　*161*

致謝　*178*

1

導　論

1.1　問題的提出及意義

1.1.1　中國經濟增長的理論需求

自亞當・斯密（Adam Smith）出版《國富論》以來，經濟學家就一直在思考產生國家貧富的原因。隨後的世界經濟也告別了此前緩慢增長的歷史進程，開始快速增長，現今人們的生活水準已經得到完全改觀，人均收入水準是 200 年前的數倍。是什麼因素決定了經濟的繁榮？什麼樣的經濟政策可以使我們走向富裕？是否存在足夠影響國家經濟命運的力量？如何才能使我們始終保持增長，始終過著幸福的生活？就像諾貝爾經濟學獎獲得者盧卡斯（Robert Lucas）所說的「一旦某個人開始思考涉及人類福祉、經濟增長這類問題，他就很難再去思考別的問題」[1]。自然，這些問題都需要從經濟增長的角度來回答。經濟增長理論在最近二十多年裡已經成為一個獨立的研究領域，並逐漸成長為經濟研究的重要組成部分。

中國經濟自改革開放以來，一直就是世界上經濟增長速度最快的國家之一。統計數據顯示，1978 年至 2010 年，中國的國內生產總值（以下簡稱 GDP）保持著近 9% 的年均增長率，GDP 總

---

[1]　Lucas Robert E. On the mechanics of economic development. Journal of Monetary Economics, 1988, 22 (7): 3–42.

量在 2010 年達到 39.8 萬億元，已經超越日本成為世界第二大經濟體，僅次於美國①（見圖 1-1）。中國經濟增長速度遠高於同期世界經濟年均 3.0% 的速度，使中國經濟總量占世界經濟的份額從 1978 年的 1.8% 提高到 2010 年的 7.8%，人均國民收入由 1978 年的 190 美元上升至 2010 年的 4260 美元②。按照世界銀行的劃分標準，中國已由低收入國家躍升至中等偏上收入國家行列。中國經濟取得了如此驕人的成績，這證實了中國經濟增長強大的動力和活力。

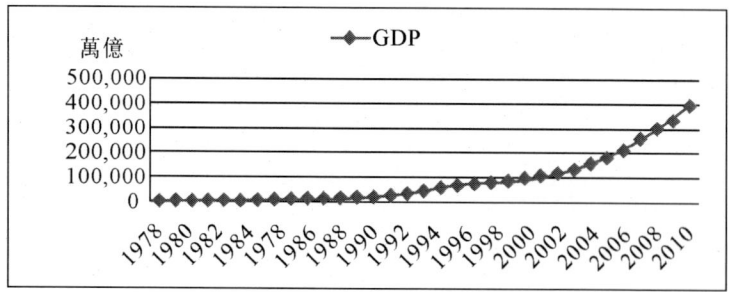

圖 1-1　中國 GDP 增長（1978—2010）

資料來源：2008 年以前的數據來源於《中國統計年鑒（2009）》，2009 及 2010 來自國家統計網站發布的統計公告。

經濟增長理論對此進行了諸多的驗證和解釋，經濟學家們尋找出了上百個具有統計顯著性的變量來驗證經濟增長理論，嘗試揭示出經濟增長之謎③。對中國經濟增長模式進行解釋的文獻也是汗牛充棟，不可勝數。由中國學者解釋的最具有影響力的當屬林毅夫等做出的，認為中國改革成功是採取了一條漸進式的改革道路，改革了三位一體的傳統經濟體制，發揮了中國所具有的資

---

① 依據國家統計局發布的 2010 年數據，年均增長率是指真實 GDP 的增長率。

② 根據世界銀行的 2010 年 8 月的最新標準，低收入為年人均國民總收入 995 美元及以下，中等收入為 996～12,195 美元，高收入為 12,196 美元及以上。其中，中等收入標準中又劃分為「中等偏下收入」和「中等偏上收入」，前者標準為 996～3,945 美元，後者為 3,946～12,195 美元。相應數據來源於世界銀行網站（www.data.Worldbank.org/indicator/）。

③ Sala-i-Martin, Xavier X. I just ran two million regressions. American Economic Review, 1997, 87 (2): 178-183.

源比較優勢等①。還有很多國內外學者從各自不同的角度出發進行了闡釋，或資源優勢說，或制度變革說，或政府主導說，或市場體制說，等等，不一而足。可以說，中國經濟的高速增長激發了經濟增長學說創新的動力。顯然，對於這樣一個宏大且複雜的課題，再多的研究都是可以被承載的，任何單維度的解釋雖難以令人信服但卻是必須的，唯有從各自不同的角度，基於不同的理論，提出相應的學說，當萬千溪流匯於大河之時，我們也才有可能對中國經濟增長之謎進行完整的揭示。由此看來，基於生育水準和人口的角度對經濟增長進行相應的研究十分必要。

　　人口作為生產者與消費者有機統一，是我們分析人口對經濟增長影響的一個重要邏輯起點。這提示我們要特別注意人口變化對經濟的消費需求和生產能力的影響。古典經濟學家威廉·配第（William Petty）從勞動價值論出發，提出「土地為財富之母，勞動為財富之父」的名言，再到亞當·斯密（Adam Smith）、大衛·李嘉圖（David Ricardo）等都提出過人口與財富的相應思想，而後又有馬克思（Karl Marx）的兩種生產理論等精闢見解等②。這些事實和觀點正是我們將人口納入經濟增長理論框架的基礎。一般認為，人口在兩個方面可以成為經濟增長的重要因素：當分析視角集聚於人口與某非再生資源的相互作用時，人口規模是一個重要考量因素，即得出如果保持其他要素不變，相對於資源數量而言的話人口規模大的國家會更加貧窮；但當我們分析人口與某個特定的變量（如資本）的相互作用時，就必須要涉及人口的其他變量，如人口增長率，外生性或內生性的假定都有。需要指出的是，人口僅僅是影響經濟增長眾多因素中的一個重要因素，絕非僅僅只有人口因素或是「人口決定論」。一般而言，對於處於「低收入陷阱」的中低收入國家，其極為低下的穩態增長，以及處在技術創新前沿上的高收入國家低穩態增長水準，尤其需要避

---

① 林毅夫，蔡昉，李周. 中國的奇跡：發展戰略和經濟改革 [M]. 增訂版. 上海：上海人民出版社，2002.

② 張純元，吳忠觀. 馬克思主義人口思想史 [M]. 北京：北京大學出版社，1986.

免以人口因素來進行解釋①。簡單的道理，馬爾薩斯模型的破產和對增長的極限的突破，就是有效的例證。因此，理解經濟增長首先需要理清人口與經濟增長的理論脈絡。

1.1.2 人口與經濟增長的理論脈絡

經濟史學家安格斯·麥迪森（Angus Maddison）的研究表明，在人類歷史有文字記載的五千多年時間裡，各國或地區的人口規模與經濟規模高度相關，人口規模一定程度上決定著經濟規模。中國歷史的發展也證實，評價一個時代經濟的盛衰，總是離不開對於人口的討論，在討論某個地域的經濟時，常常會以「戶口百萬」之類話語作為地富民豐的證據。但隨著歷史的發展，特別是最近二百多年以來，發生了人口規模與經濟規模的分離。以人均GDP為例，過去國家之間相差無幾，公元1500年時，人均GDP最高國家的是最低國家的3倍；但現今美國等少數發達國家的人均GDP，則是很多窮國的幾十上百倍，並且世界上大多數人口較多的國家都是發展中國家或欠發達國家，如中國、印度、印度尼西亞等。但在20世紀的最近幾十年中，世界收入水準不平等的擴大趨勢得到扭轉，變得更加穩定。這是由於某些發展中國家，特別是中國、印度、巴西等發展中國家的快速經濟增長縮小了世界收入的不平等性。戴維·N. 韋爾②（2007）認為「如果影響中國以及某些國家的『增長學說』繼續擴展，那麼，世界上的貧困國家將在21世紀初的幾十年顯著下降，世界收入分佈的範圍將進一步收縮」。

根據麥迪森的數據，還可以計算出人口規模與經濟規模的相關係數，對二者的關係加以驗證。結果表明，公元1500年人口規模與經濟規模的相關係數為0.997,2，1820年仍為0.942,3，但此後快速下降，1870年為0.639,3，1913年為0.340,4，1973年為0.148。這意味著在1973年，人口規模與經濟規模已看不出相關關係，占世界人口54.6%的亞洲（不含日本）GDP只占世界的

---

① 蔡昉. 人口轉變、人口紅利與劉易斯轉折點 [J]. 經濟研究，2010（4）.

② 戴維·N. 韋爾. 經濟增長 [M]. 北京：中國人民大學出版社，2007：456.

16.4%；而占世界人口18.4%的發達國家GDP占世界的58.7%。不過，過去的30年裡，這種情況逐漸開始發生轉換，二者的相關係數在2003年上升到0.518,5，預計2030年還將進一步上升到0.733[①]。

麥迪森還按購買力平價對部分國家GDP占世界總量的比重進行了估計，結果表明，公元元年中國西漢時期，印度的GDP占世界比重1/3左右，1820年中國的GDP占世界的1/3左右，1950年，美國的GDP占世界的1/4強（27.3%）。他推測了未來的發展狀態，認為公元2030年，中國GDP可能達到世界總量的23%，印度為10%，美國為17%，西歐國家合計達世界的13%左右（見圖1-2）。這也意味著未來人口規模與經濟規模的關係將向著更加緊密的關係迴歸，人口大國亦是經濟大國[②]。

從經濟增長和宏觀經濟的角度來看，經濟增長主要取決於要素累積、生產效率、技術水準、基礎要素等條件[③]。而從人口對經濟增長的正向效應來看，人口增長會有效地促進勞動力資源的增長和技術水準的提高[④]，從而滿足經濟增長所需要的條件。由此，我們從人口角度來觀察一個經濟體整體經濟水準，不外乎取

[①] 原始數據來源於Angus Maddison. Contours of the World Economy (1-2030), Oxford University Press, 2007. 轉引自張維迎. 市場的邏輯 [M]. 上海：上海人民出版社，2010.

[②] 張維迎對此進行了預計，他認為按目前的趨勢，未來100年後，人類可能又迴歸到19世紀之前的狀態，即一個國家的經濟規模和人口規模相當，人口大國也是經濟大國。21世紀是亞洲世紀，亞洲人口占世界的近60%，而這終將會實現向經濟規模的轉化。他認為，已經可以看到了亞當·斯密在《國富論》中所預測的西方世界與東方世界均等化的這一趨勢。他還指出，過去250年裡各國經濟規模和人口規模不再大致對等的原因主要是因為不同國家走上了不同的制度之路，即有些國家率先走上了市場經濟的道路，而有些國家沒有。現代經濟學理論和社會實踐表明市場經濟是發展經濟、改進民生的最有效手段。而如果全世界都實行市場經濟，人均GDP的差異就會逐漸消失，這正是過去30年發生的情況。中國的市場化改革，開始逆轉過去200年裡出現的世界範圍的人口規模與經濟規模之間的背離，從而實現未來的人口大國與經濟大國的趨同。

[③] 戴維. N. 韋爾. 經濟增長 [M]. 北京：中國人民大學出版社，2007：456.

[④] 曼昆認為人口增長對經濟增長有多種影響，其中一個重要的方面就是更多的人口可以提高技術進步的速度。引自曼昆. 經濟學原理-宏觀經濟學分冊 [M]. 5版. 北京：北京大學出版社，2009：69.

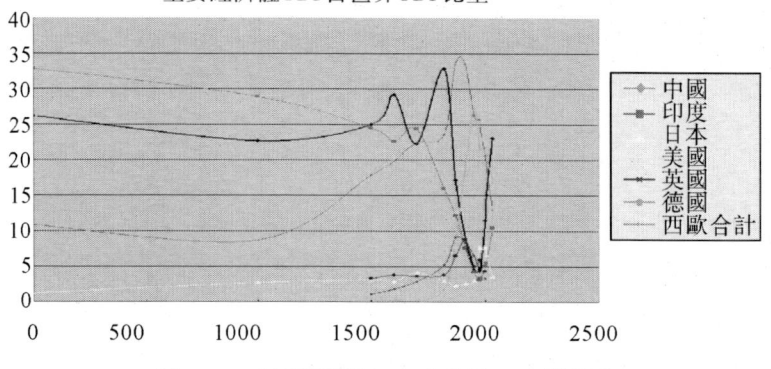

圖 1-2 主要經濟體 GDP 占世界 GDP 的比重

資料來源：Angus Maddison, Contours of the World Economy (1-2030), Oxford University Press, 2007. 轉引自張維迎《把脈未來經濟增長》一文，載於張維迎. 市場的邏輯 [M]. 上海：上海人民出版社，2010。

決於兩個因素，一個是參與勞動的人數，即經濟增長的勞動力資源的稟賦，一個則是技術水準。在歷史的長河中，科技水準的提高總是一個漫長的過程，而勞動人數變化的時間尺度，相對來說要小得多。中國在過去的 30 年裡經濟的快速發展，這一方面得益於改革開放所帶來的科技進步，另一方面也得益於勞動人數的快速增長和產業結構調整。一個簡單的例證就是，中國加入世界貿易組織（以下簡稱 WTO）以來，城市及非農部門勞動力人口不斷上升，源源不斷的勞動力供給為中國成為全球的「世界工廠」提供了廉價勞動力的保證。從全球人口及經濟增長的狀況來看，發達國家的人口變化已經較為穩定，生育水準低、勞動力短缺、勞動工資顯著上升、老齡化加劇等是其主要形態且呈穩定態勢。但是由於近年來全球化的進程使得更多的國家和人口（主要是發展中國家和欠發達地區）加入到了工業化的進程，全球範圍內的分工與貿易被大大擴展，發達國家或地區人口資源條件的改變所顯示出的對其經濟增長的限製作用並未產生明顯的效果。而對未來的展望則可表明，由於全球化進程已經有效吸納了全球的絕大多數人口的參與，人口變動可能再次影響到全球經濟增長，並成為影響各國宏觀經濟環境的重要變量。

當然，這裡還有一個不可忽視的重大理論問題——人口紅利。

经济学界自20世纪90年代以来观察和分析人口与经济增长的这一领域有了相应的突破,即将人口与经济增长的关系从人口规模或人口增长率对经济增长的影响转移到人口年龄结构,或人口转变所形成的人口红利对经济增长的影响。并通过对日本、东亚等经济增长奇迹的观察验证了这一理论,后续的理论发展则通过观察得到,有利于经济增长的人口转变阶段、年轻的人口年龄结构、充分供给的劳动力、较高的储蓄效应等,为经济增长提供了有力的源泉,一般表述为人口红利[①]。人口红利为我们观察人口与经济增长提供了重要的视角。从人口红利的概念本身出发也可以对人口大国与经济大国关系回归进行解释,即规模较大人口在相应的条件下,随着生育水准的走低,必然导向更加年轻的人口年龄结构,更大规模的储蓄效应以及制度变革的红利等,进而通过劳动力的参与以及人口红利的实现促进经济增长,这恰恰是人口大国所具备的现实的或潜在的禀赋。

由此出发,人口作为宏观经济变量中的刚性因素之一,作为理解经济增长的一个重要线索,会对未来的经济增长产生较为重要的影响,并决定了一个经济体相当长时期的增长过程。简单来看,人口数量决定了参与劳动的人数、消费市场规模;人口的年龄结构及其变化则被视为决定宏观的资本形成、储蓄水准、人口红利水准、城市化和中观的工资、成本与利润的一个主要因素;人口的区域分布和迁移流动和财富与资源配置的流向、户籍制度等有著密切的联繫;人口的产业分布在一定程度上决定著经济结构、产业结构及经济发展方式转变;人口质量则直接决定了经济增长中的人力资本投资与形成、技术创新、经济效率等。这样的联繫不一而足,除了得到「人口成为一个必须研究的课题」之类的结论外,我们还需要从人口出发,认真理清经济增长的线索与脉络。无疑,人口作为经济增长中的刚性变量,任何合理的联繫和解读都是被允许的。

通过对人口与经济增长之间关系作简单的观察与分析,理解

---

① 在本书的基本概念、文献述评和相关章节对人口红利有进一步的阐释,为了不影响研究逻辑和思路,不在此展开论述。

了人口因素一定程度上決定了經濟增長的中長期趨勢這一主要邏輯線索。通過對人口的統計分析①，我們可以清楚地觀察到相應的變化，這包括人口轉變完成、人口紅利的收穫、總勞動人口與總人口的變動、低生育水準、老齡化加速、劉易斯轉折點等，並由此使得人口與經濟發展方式轉變、工業化、城市化、消費等之間的關係具有了內在的可解釋性。比如，低生育水準所導致的勞動力短缺、「民工荒」、工資成本上升等，表明中國已經告別了勞動力無限供給的階段，迎來了劉易斯轉折點②。這就決定了中國經濟發展進入到了新的戰略機遇期，這一戰略期則要求必須實現產業升級，使經濟達到一定的水準，避免陷入「中等收入陷阱」，從而具備可持續發展能力。而從劉易斯轉折點和現在的經濟形勢看，中國的戰略壓力有三個方面。一是從短期來看，中國 2000 年以來所依賴的外需拉動型經濟增長方式，在世界金融危機及其縱深發展的影響下將面臨轉變。從經濟週期角度來看，歐美發達國家的本輪經濟週期調整可能會長達十餘年，這也意味著中國外貿及貿易順差急速增長階段已經過去，必須將經濟增長方式轉移到以內需拉動為主。二是劉易斯轉折點到來後，中國面臨著勞動力成本上升、收入分配制度變革、通貨膨脹壓力等，這影響著中國的產業結構和產業競爭力，經濟增長的動力受到挑戰。這在一定程度上甚至決定了中國是步入高收入國家，還是陷入「中等收入陷阱」。三是進入到人口老齡型社會後，會使得中國總需求減少，社會保障等經濟社會負擔加重。而從人口的這一作用路徑來看，對經濟增長可以產生「倒逼機制」③，而這種機制的存在使得我們可以清晰地去尋找中國未來的經濟發展路徑，來呼應人口與經濟增長的理論脈絡。認清人口及經濟增長面臨的困難和戰略性應對

---

① 主要指在人口統計學框架裡的分析，具體就是人口的出生、死亡、遷移等。結合到研究所給定的低生育水準這一限制，本章及後續章節內容將主要圍繞著人口數量、人口年齡結構以及勞動力數量、人口老齡化等來展開，關於更進一步的人口與城市化、消費、人力資本等內容較少涉及或僅簡單分析。

② 關於劉易斯轉折點的討論將在文獻評述部分及第六章進行進一步探討，此處不加以解釋主要為了更加清晰地理解人口與經濟增長的理論脈絡。

③ 時偉翔，王成. 中國經濟增長的新路徑選擇 [N]. 證券時報，2009-08-22（A15）.

方法，也就把握住了中國未來的發展路徑。

綜上，理性思考人口與經濟增長的理論脈絡，從人口變動角度把握未來經濟增長態勢，理清其中存在的關係和機制，這具有非常重要的理論意義。從低生育水準出發研究中國經濟增長可持續性必須也只能循著人口與經濟增長的理論脈絡展開。

1.1.3 低生育水準的經濟影響

理清人口與經濟增長的理論脈絡，是為了更好地分析思考當前所面臨的人口新特徵以及分析其對經濟增長的影響。當前，低生育水準這種新的人口的現象已經引起了國際社會越來越深切的關注，諸多經濟學家、人口學家對低生育水準的現狀、形成機制、經濟社會影響等方面給予了較多的關切和研究。從分佈範圍來講，低生育水準主要分佈在歐洲、北美洲、亞洲的中國與韓國、日本等東亞國家。根據2009年世界人口數據表（Population Reference Bureau，2009），低生育水準國家和地區較多，歐洲的生育水準較低（1.5），德國（1.3）、義大利（1.4）、西班牙（1.5）、葡萄牙（1.3）、希臘（1.4）等，以及東亞等國或地區，日本（1.4）、韓國（1.2）、中國香港（1.1）、臺灣（1.0）、新加坡（1.3）等[1]，其婦女平均生育子女數都低於更替生育水準（2.1），人口再生產顯現出內在的縮減趨勢。這些國家都對低生育水準這一現象都給予了重大關切。2006年5月10日，俄羅斯總統普京向俄羅斯聯邦會議發表年度國情咨文，重點就談論了人口問題和軍隊發展問題[2]。在俄總統國情咨文中，把人口問題作為主要問題而且排在首位加以論述，這是空前的，足以證明俄羅斯的人口問題，特別是生育水準低、人口逐年減少的問題已經相當嚴重，它迫使俄當局不得不將它作為優先解決的問題。數據顯示，其境內常住人口從1992年的14,832.6萬人下降到2005年初的14,347.4萬人，減少了485.2萬人，下降了3.27%，並且俄羅斯人口的持續減少已經不是個別地區的局部現象，而是全國性、大

---

[1] 轉引自郭志剛．中國的低生育水準及相關人口研究問題 [J]．學海，2010 (1)．
[2] 程亦軍．俄羅斯人口現狀與人口政策．人民網，2006 - 7 - 8．

面積的普遍現象①。對於俄羅斯來講，生育水準較低、死亡率偏高導致的人口總量的不斷縮減已經不再是一個普通的社會問題，而是一個事關國家前途和民族命運的重大政治問題和經濟問題。日本也是曾經受益於年輕的人口年齡結構和人口紅利的低生育水準國家，從20世紀50年代到70年代，日本實現了25年左右的高速增長。但在「廣場協議」和泡沫破滅後的時期，日本經濟陷入了困境，20世紀90年代以來日本經濟增長率年平均在1.5%左右②。「東亞奇跡」的其他國家亦然③。低生育水準給這些國家或地區帶來了嚴重的老齡化問題，加之勞動力短缺，這種人口發展態勢給各國的社會保障、醫療系統、勞動生產率、經濟增長乃至國家競爭力都帶來了深刻的影響。

相較於人口增長，21世紀的人口減少可能才是世界人口發展的主要形態④。從目前實施鼓勵生育政策的國家，如日本、韓國、新加坡、俄羅斯及歐洲等國來看，並沒有收到促進生育率回升、人口增長的效果。俄羅斯更是圍繞著提高生育水準、降低死亡率的目標制定了一系列的人口政策，以期改變當前的現實，但人口問題是具有長週期、強慣性屬性的問題，當前的人口政策效果難以立竿見影，更多的是在未來逐步體現，這也是俄羅斯面臨的現實困境。很多低生育水準國家都進行了人口政策的調整，包括良好的教育、全薪的婦女休產期、完善的社會保障、強力的獎勵等，以期提振生育水準。但目前現實來看，當生育水準下降後，很難在短期內迅速提升生育水準，至多相對穩定且在長期來看也僅具有較小的回升效果。中國已經完成了人口轉變，總和生育率已經遠遠低於更替生育水準，上海等地已經出現了人口負增長。預測研究表明，未來中國的人口總量在達到高峰後就將出現持續的人

---

① 程亦軍. 俄羅斯人口安全與社會發展 [M]. 北京：經濟管理出版社，2007.
② 王德文，蔡昉，張學輝. 人口轉變的儲蓄效應和增長效應——論中國增長可持續性的人口因素 [J]. 人口研究，2004（5）.
③ 對於低生育水準及其經濟影響，本書將在第四章集中展開論述.
④ 曼昆. 經濟學原理 [M]. 5版. 北京：北京大學出版社，2009.

口負增長慣性，中國還將成為人口減少的主要貢獻者[①]。從目前的研究來看，西方國家諸多經濟學家、人口學家都開始將目光放在了低生育率的經濟社會後果上，討論問題大多也集中在低生育水準的現狀、形成機制等方面，生育率下降對人口老齡化、勞動力供給不足，及其引發的養老保障體系改革、醫療衛生、照料照護、市場萎縮、勞動力資源配置、經濟增長、移民等方面的問題，還有涉及低生育水準下的國家民族發展的政治軍事視野。但對低生育水準與經濟增長的可持續性進行全面系統的研究，還有待進一步加強。中國在進入低生育水準階段後，同樣存在西方國家的低生育率風險，回答這一問題也可以為中國的人口長期均衡發展和可持續發展提供重要的理論支撐。從當前中國貫徹落實科學發展觀與轉變經濟發展方式的戰略出發，來觀察未來人口與社會、經濟、資源、環境全面協調可持續發展時，筆者認為中國未來低生育水準對經濟增長可持續性的影響，或可能成為一個重大議題。

1.2 研究思路與方法

本書運用經濟學及人口學的相關理論和分析方法，主要從低生育水準條件出發，考慮人口規模和人口結構的相關變量，確立了低生育水準下勞動年齡人口、總人口、劉易斯轉折點、人口老齡化問題等方面對經濟增長的影響的主體框架。為了緊密地抓住低生育水準下人口對經濟增長影響的主要脈絡，更加清晰地突出低生育水準這一背景和主題，對一系列一般性的與低生育水準和經濟增長有關的問題，如人口、資源、環境與經濟增長問題，低生育水準與出生性別比問題、人口城市化問題、人口質量與人力資本問題、就業人口結構與產業結構問題等都沒有作深入探討[②]。

全文共分為四個部分，是按照「研究基礎—基本狀況—現實考察—結論對策」這樣的邏輯來展開的，見圖1-3。

---

① 王豐. 21世紀中國人口負增長慣性初探[J]. 人口研究，2007（6）.
② 其中有些內容相關章節或多或少有所涉及，但不做展開論述。

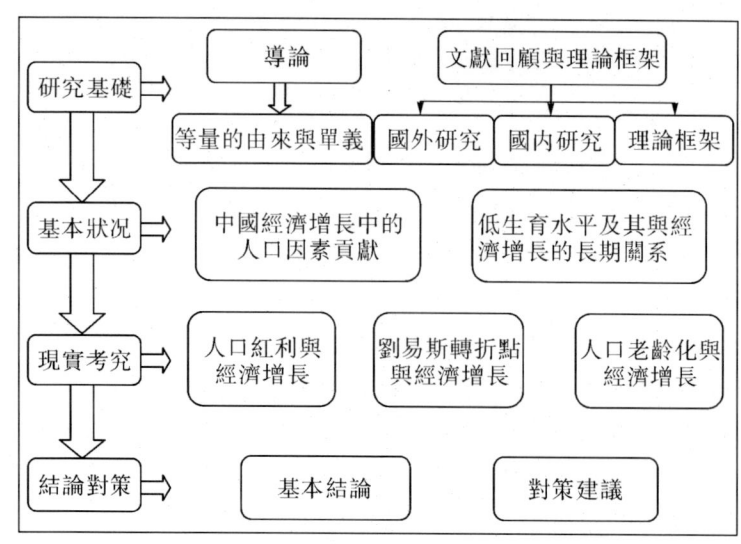

圖1-3　本書的邏輯框架圖

　　第一個部分主要介紹了本書選題的由來，在此基礎上循著本書將要涉及的方面展開理論研究及文獻述評，並從人口因素與經濟增長理論、經典人口經濟理論，西方學者對人口與經濟增長關係研究的突破展開理論分析和文獻述評，然後對中國學者在這一領域的相關研究進行了述評。依據對理論和文獻的研究，最後提出了本書的理論框架。

　　第二個部分主要介紹了本書所要涉及的中國經濟增長與人口因素、低生育水準的基本狀況。包括對中國人口發展與低生育水準現實的考察，運用了新古典增長理論的框架回答了中國經濟增長中的人口因素貢獻，並對全球範圍的低生育水準進行了綜合性分析，指出了生育率與經濟增長的長期關係。

　　第三個部分是本書的主體部分，即對在低生育水準的現實條件下，中國經濟增長該如何保持可持續性進行了具體研究。包括人口紅利、劉易斯轉折點、人口老齡化對中國經濟增長的影響，並提出了未來保持經濟增長可持續性的方向。

　　第四個部分是結論對策部分。對研究結論進行歸納總結，並在此基礎上提出相關對策建議。

　　以上四個部分相互聯繫，層層遞進，具有較為嚴密的邏輯關

係。其中第一部分主要提出了「為什麼要研究低生育水準下中國經濟增長的可持續性?」第二部分回答了「中國經濟增長可持續性在何種程度上的人口因素與生育水準上展開?」第三部分主要回答了「低生育水準如何影響中國經濟增長的可持續性及其方向何在?」第四部分給出了研究的基本結論與政策建議。

　　本書所採用的主要研究方法有:微觀與宏觀相結合、規範與實證相結合、定性與定量相結合、一般與特殊相結合、歸納與演繹相結合。微觀與宏觀相結合,主要從微觀出發尋找宏觀層面的共性,或者從宏觀出發探究微觀層面的證據。如在進行生育率的影響因素研究時,從個人生育行為、經濟社會特徵出發,進而得出人口總體的經濟社會與人口學特徵,並進行生育率的影響因素研究。規範與實證相結合,主要是針對研究中的某些問題,先從規範的角度對「應該怎樣」的問題進行理論上的探討,然後對實際情況進行分析,對理論進行實證檢驗,從經驗上回答「是怎樣」的問題。如對經濟增長中的人口因素、生育率與經濟增長長期關係的考察。定性與定量相結合,就是先對規律性、趨勢性的問題做出定性分析,對程度上和數量上的問題給出定量的答案,在定性的指導下進行定量的研究。如對中國人口紅利、劉易斯轉折點的判斷與界定。一般與特殊相結合,主要是從一般現象或層面進行總結,結合到特殊案例或情況進行分析,或者從特殊情況出發尋找一般特性。如對「民工荒」的觀察,從特殊角度來講發軔於珠三角等地區,而後演化到中西部的勞動力招工緊缺;再如對中國人口轉變及低生育水準形成的研究,從一般來講西方國家大多在經濟社會發展的推動下形成的,但中國則引入了政策干預,在相關問題探究與解釋上,充分考慮到中國特殊的經濟社會因素與具體國情。歸納與演繹相結合,就是從國際的研究視角進行相關歸納總結,總結出具有普遍性的規律與模式,並根據中國的現實對相關問題的發展狀況進行推斷和延伸。如低生育水準的現實,劉易斯轉折點的經濟影響等。

1.3 基本概念及理論界定

人口轉變①：人口轉變理論是一種聯繫經濟社會發展，以人口發展過程及其演變的主要階段為研究對象的人口理論，它不是純理論演繹的結果，而是主要得自對歷史經驗和實際資料的分析。其背景是在 19 世紀下半葉和 20 世紀初，西歐國家，特別是英、法、德等國，工業化和城市發展迅速，伴隨著死亡率的持續下降，出生率的持續下降，人口自然增長快速下降並穩定在較低水準。最先提出人口轉變的是法國人口經濟學家蘭德里（Adolphe Landry），他將人口階段劃分為原始階段、中期階段和現代階段。後來又進行了進一步闡釋，將這種人口轉變稱為「人口革命」。美國人口學家湯普森（Warren Thompson）後來又將世界人口分為三類地區，從地域上區分了蘭德里所提出來的三階段論。明確提出人口轉變理論，系統論述人口轉變的條件、原因和理論的則是美國人口學家諾特斯坦（Frank Wallace Notestein），他強調必須要把人口變動和社會經濟發展聯繫起來考察，指出出生率的下降滯後於死亡率，但死亡率的下降將帶動出生率的下降，最終實現死亡率和出生率的平衡，這是人口轉變的標準解釋。對人口轉變階段的劃分見圖 1-4。

---

① 更為詳細的介紹參見李竟能. 現代西方人口理論 [M]. 上海：復旦大學出版社，2004.

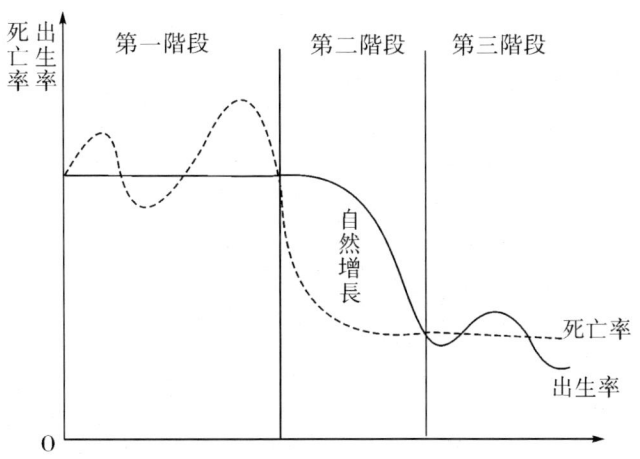

圖 1-4　諾特斯坦的人口轉變三階段模型

資料來源：引自李競能. 現代西方人口理論 [M]. 上海：復旦大學出版社，2004

金德伯克（C. R. Kindelberger）和赫里克（B. Herrick）提出了與經濟發展密切相關的人口轉變「四階段說」，這其實是將諾特斯坦的三階段模型進一步拓展。英國人口經濟學家布萊克（Charles Blacker，1947）年提出了人口轉變的五階段模型。布萊克將人口發展劃分為高位靜止（High stationary）、初期擴張（Early Expanding）、後期擴張（Late Expanding）、低位靜止（Low Stationary）和減退（Diminishing）等五個階段，指出人口轉變的減退階段，會出現出生率持續下降並開始低於死亡率水準，人口開始出現絕對減少的現象。還有一些著名人口學者對人口轉變理論進行了補充和完善，如萊賓斯坦（Harvey Leibenstein，1959）、柯爾（A. Coale，1973）、卡德威爾（J. C. Caldwell，1976），但基本觀點大同小異，都認為經濟社會發展與人口轉變過程密切相關，人口轉變是傳統人口再生產類型向現代人口再生產類型轉變的一個重要的過渡時期，即經歷了「高出生率、高死亡率、低自然增長率」經由「高出生率、低死亡率、高自然增長率」的過渡，向「低出生率、低死亡率、低自然增長率」的長期轉變過程。

低生育水準：一般來講，低生育水準是指低於更替生育水準的生育率，也即總和生育率 TFR 小於 2.1。國際上也有對低生育水準進行劃分的口徑，一種是極低生育率，指等於或低於 1.3 的

TFR 的水準，另一種是很低生育率，指低於 1.5 的 TFR 的生育水準。

人口紅利：是指人口再生產類型由「高出生率、高死亡率、低自然增長率」模式經由「高出生率、低死亡率、高自然增長率」模式的過渡，最終轉變成為「低出生率、低死亡率、低自然增長率」模式，在這一轉變過程中，會形成一個有利於經濟發展的人口年齡結構，也就是少兒撫養比與老年撫養比在一個時期內都比較低的局面，並會持續較長一段時間。總人口「中間大，兩頭小」的結構，使得勞動力供給充足，而社會負擔相對較輕。年齡結構的這種變化將帶來勞動力增加、儲蓄和投資增長、人力投資增加和婦女就業機會增加等，從而對社會經濟發展十分有利，學界把這段時期為「人口紅利」。

第二人口紅利：是指在人口結構趨於老化的時候，具有經濟理性的經濟主體個人、家庭等為了應對人口老齡化的影響，將一生的收入和消費在生命週期內進行平滑以取得最大效用，這會產生新的儲蓄動機並形成新的儲蓄來源，使得整個社會的財富累積增加。而勞動參與人數的下降，則提高了勞動力的人均資本水準，並使人均資本長期保持在較高水準。這是在特定的人口轉變階段，人口老齡化的到來所引致的有利於繼續推動經濟增長的方面，如儲蓄率升高，資本供給增加等，學界將其稱為「第二人口紅利」。

劉易斯轉折點：是指在劉易斯的二元經濟模型中，將一個國家或地區分為兩個部門，一個是以農業為主的傳統部門，一個是以工業為主的現代部門。由於傳統部門中的人口眾多，勞動力無限供給，且剩餘勞動力的邊際生產率為零，而現代部門則可以用不變的低工資成本獲取所需要的勞動力，實現擴張並獲取利潤。當勞動力需求增長速度超過供給增長速度，工資開始提高，勞動力從無限供給向有限剩餘轉變，劉易斯轉折點出現[①]。此時，農業勞動力的工資尚未由勞動的邊際生產率決定，農業與現代部門勞動的邊際生產率仍然存在差異。而後隨著剩餘勞動力減少到吸

[①] 對劉易斯轉折點理論的爭議也是關於中國是否迎來劉易斯轉折點的爭議內容之一。對此，蔡昉給予了明確的界定，本書認可並採用了這一觀點。

收殆盡，傳統部門完全商業化，兩部門的生產率基本相等，二元經濟演變為一元的現代經濟，此時成為劉易斯第二轉折點或商業化點。

少兒撫養比：也稱少兒撫養系數。指人口總體中 0～14 歲人口數量與 15～64 歲勞動年齡人口數之比，通常用百分比表示。通常用來說明每一百名勞動年齡人口所需要負擔的少兒人口數。

老年撫養比：也稱老年人口撫養系數。指人口總體中 65 歲及以上老年人口數量與 15～64 歲勞動年齡人口數量之比，通常用百分比表示。通常用來說明每一百名勞動年齡人口所需要負擔的老年人口數。

總撫養比：也稱總負擔系數。指人口總體中非勞動年齡人口數，即 0～14 歲人口數量和 65 歲及以上老年人口數量之和與 15～64 歲勞動年齡人口數之比，通常用百分比表示。通常來說明每一百名勞動年齡人口所需要負擔的非勞動年齡人口數。

1.4 研究的創新與不足

1.4.1 研究的創新

本研究屬於多學科的交叉研究，基本的學科主要涉及人口學、人口經濟學、宏觀經濟學的基礎理論和分析方法，同時還涉及勞動經濟學、社會學、計量經濟學、社會保障等相關學科知識。本書主要從文獻與理論研究出發，通過對人口與經濟增長的相關理論和文獻的梳理，得出了研究的理論框架，並從中國經濟增長中的人口因素分解，低生育水準與經濟增長的長期關係，以及人口紅利、劉易斯轉折點、人口老齡化等方面出發，探討中國經濟增長可持續性，最後得出結論與政策建議。本書的創新點主要有以下幾個方面：

一是梳理了人口與經濟增長的理論脈絡，通過規範分析，明確提出了低生育率對經濟增長影響的解釋性框架。這一框架回答了人口在經濟增長究竟居於何種位置的同時，也為後續進一步分

析生育率與經濟增長的關係奠定了基礎。研究豐富了中國關於低生育水準及經濟增長的研究，對低生育水準的經濟影響這一尚需深入展開的領域進行了拓展。

二是回答了中國經濟增長中的人口因素，生育率與經濟增長的長期關係，並用新古典增長框架和協整理論對此進行瞭解釋和分析。得出了人口因素對經濟增長有較大貢獻，低生育率在中國仍將持續下去等結論，指出了當前生育水準及生育政策需要重新考量。

三是提出了低生育水準條件下人口紅利、劉易斯轉折點與人口老齡化對經濟增長的影響，並指出未來保持經濟增長可持續性的方向。筆者認為人口紅利的深入挖掘與第二人口紅利的開發獲取，劉易斯轉折點到來與經濟增長方式的轉型，人口老齡化對經濟增長的正向影響，是未來保持中國經濟增長可持續性的重要方向。

四是指出了中國生育政策到了應該調整的階段，調整生育政策與保持人口均衡發展乃是未來低生育水準下保持經濟增長可持續性的重要方面。認為在相關戰略的導向與部署下，中國在面臨低生育水準這一重大現實問題時，完全可以繼續保持經濟增長的可持續性，能盡快進入高收入水準國家，避免陷入「中等收入陷阱」。

1.4.2 研究的不足

本書有若干不足與值得進一步研究的地方，還需要以後繼續深入展開。一是結合內生增長理論對生育率與經濟增長的理論與實證研究不足。內生增長理論將生育選擇與新古典增長模型結合起來考慮，將人口增長內生化，並在勞動力供給內生化研究時將人口遷移與和勞動閒暇選擇納入進來，這其實是一個重大問題，本書並沒有予以回答，僅在新古典框架下進行了討論，人口因素的若干變量的貢獻還需要進一步厘清。二是對國際發展狀況的考察，並通過國際對比，結合中國國情，來對低生育水準下中國經濟增長可持續性進行研究還顯不足。國際上針對低生育水準出抬了若干政策，這些政策對生育率及經濟增長的影響有待評估研究，

没有運用計量方法進行研究，僅為經驗性的研究和在部分文獻上展開。三是對低生育水準與人力資本、消費、產業結構變動等方面的關係還沒有深入研究。這些內容雖然不屬於研究的主體框架部分，但相應的影響是存在的，所有這些影響一起構成了低生育水準對經濟增長影響的內容。四是經濟社會發展與社會變遷對這一領域構成了挑戰，文化與制度層面的因素與經濟發展的研究同等重要，而低生育水準則在其中屬於重要變量和重大問題。從宏觀層面回答對經濟增長的影響固然可貴，但經濟增長理論並不能完全揭示一個國家和地區經濟社會發展的各個方面，經濟增長理論也因過於技術化容易失去與社會經濟發展經驗的聯繫，而經濟發展則包含了更廣闊的範圍和更富有經驗價值的內容。因此，單維度地來看待低生育水準與經濟增長顯然是不夠的。以上種種不足還有待未來在加強學習的基礎上進一步深入展開和研究，這也是未來學術研究路上應該繼續努力的方向。

2 文獻述評與理論框架

本書主要探討低生育水準下中國經濟增長的可持續性，但不管是高生育率抑或低生育率，是人口增長抑或人口衰減，其理論溯源和研究基礎都要回到經濟增長理論、人口理論、人口經濟理論以及國內外學者對於人口經濟學及發展經濟學相關領域的研究。這涉及人口與經濟增長研究、人口轉變理論、人口紅利、生育率、二元經濟、老齡化理論等，這些共同構築起本書的文獻和理論基礎。文獻的回顧與述評首先對西方經濟理論視域下的人口與經濟增長的研究進行述評，這包括經濟增長理論中人口與經濟增長、西方經典人口經濟理論的述評，還有現代西方學者的相關研究；其次對中國學者就人口紅利、人口轉變與經濟增長，低生育水準下人口與經濟增長，人口年齡結構、撫養比變化與儲蓄率關係，勞動力供給、劉易斯轉折點與經濟增長等文獻進行述評[①]；最後在文獻研究的基礎上，給出了本書的理論框架。

2.1 西方經濟理論視域下人口與經濟增長的研究

追溯理論源流，在西方學術視野裡始終是把人口作為經濟增長重要變量予以研究。在增長理論之前，古典經濟學家對於人口與經濟增長或經濟發展進行了大量有價值的探討和論爭，也形成

[①] 正如本書在導論部分所述，在本章節也不對人口質量、人力資本、人口遷移流動等與經濟增長關係的文獻進行研究和評述。

了大量的成果。由於研究角度、涉及範圍和理論基礎等各不相同，因此也形成了各自不同的觀點和理論。古典經濟學家威廉·配第（Willion Petty）從勞動價值論出發，提出「土地為財富之母，勞動為財富之父」的名言，亞當·斯密、大衛·李嘉圖等都提出了人口與財富的相應思想。當然影響最大、最為人們熟悉的，當屬馬爾薩斯（Thomas Robert Malthus）所提出來的二者關係模型[①]。馬爾薩斯在其經典名著《人口原理》中將人口視為長期增長過程中的變量，人口規模的變化與經濟的產出水準密切相關。具體而言，人均收入的增長與人口規模的增長是正相關的，即當人均收入水準由於技術進步或者新資源的發現而有所增加時，伴之而來的卻是人口數量的增加，而人口增長又會降低人均收入水準，並必然會導致陷於一個低水準的均衡狀態，這就是所謂的「馬爾薩斯陷阱」（Malthusian Trap）。馬爾薩斯的觀點影響久遠，「馬爾薩斯陷阱」曾經也主宰了人類發展歷史進程中相當長的時期。但馬克思對馬爾薩斯的觀點進行了嚴厲的批判，認為馬爾薩斯的人口理論是庸俗的資產階級理論，是為統治階級進行辯護，否認了社會生產方式的決定作用等，並在此基礎上提出了資本主義人口過剩規律。馬克思的理論批評同樣也得到了現實的回應。隨著工業革命所帶來的生產率的高速增長，人均收入快速提高，這又促進了人口增長率的上升和人口規模的擴大，技術進步和生產率的提高使經濟發展跳出了「馬爾薩斯陷阱」。如果將馬爾薩斯及其追隨者即新馬爾薩斯主義者，包括著有《人口爆炸》的埃里奇夫婦（Paul R. Ehrlich and Anne H. Ehrlich）[②]、著有《生存之路》的威廉·福格特（William Vogt）[③]、著有《增長的極限》的羅馬俱樂部[④]等稱之為「悲觀主義者」，那與之相對應的則是「樂觀學派」。

---

① 馬爾薩斯. 人口原理 [M]. 北京：商務印刷館，1992.
② 保羅·艾里奇，安妮·艾里奇. 人口爆炸 [M]. 北京：新華出版社，2010.
③ 威廉·福格特. 生存之路 [M]. 北京：商務印書館，1981.
④ 丹尼斯梅多斯. 增長的極限 [M]. 長春：吉林人民出版社，1997

「樂觀學派」強調的是人口增長對經濟發展的積極影響。如凱恩斯[①]（J. M. Keynes）及漢森[②]（Alvin H. Hansen）對人口衰減或人口增長減緩的若干經濟後果研究指出，在發達經濟體系中，人口衰減會導致有效需求不足和投資動力下降；認為快速的人口增長是刺激有效需求的一個重要源泉，而人口衰減則是導致經濟停滯的重要原因；一個增速不斷下降或衰減的人口會使人口結構趨於老化，導致對個人勞務需求的增加和對密集型投資產品需求的減少，從而會以各種方式減少投資需求，所以人口增長能刺激消費和投資。對人口因素對經濟增長的影響問題上，學術界直至今日也沒有形成共識，大多都是沿著這兩大學派進行相關研究，但對於經濟增長與人口之間存在關係都是確定的。隨後的經濟理論的發展過程中，包括經濟增長理論都直接或間接地考慮了人口因素，弄清蘊涵其中的理論元素，對於研究今日低生育水準下經濟增長可持續性具有重要的理論價值。

2.1.1　西方經濟增長理論中關於人口與經濟增長的研究

研究人口與經濟增長的關係，首先必須要對經濟增長理論中人口與經濟增長的研究進行理論上的概觀。自科布·道格拉斯生產函數始，哈羅德—多馬模型、新古典增長理論、二元經濟理論、內生增長理論等都不同程度地刻畫了人口因素與經濟增長的關係。

2.1.1.1　柯布—道格拉斯生產函數

該生產函數是由柯布和保羅·道格拉斯[③]（C. W. Cobb and PaulH. Douglas,）共同探討投入和產出的關係時所創造的，是在生產函數的一般形式上作出的改進，是經濟學中使用最廣泛的一種生產函數形式。科布—道格拉斯生產函數表明，經濟增長由技

[①] J M Keynes. Some economic consequences of a declining population. Eugenics Review, 1937.

[②] Alvin H Hansen. Economic progress and declining population growth. The American Economic Review, 1939, 29 (1)：1 - 15.

[③] Charles W Cobb, Paul H Douglas. A theory of production. The American Economic Review, 1928, 18 (1)：139 - 165.

術進步、勞動力和資本投入決定，具體函數形式為：

$$Y = AL_i^\alpha K_i^{1-\alpha}$$

其中，A 表示技術進步，L 表示勞動力投入，K 表示資本投入，α、1－α 分別表示勞動和資本在產出中的貢獻率。此公式可以表明，勞動力的投入對經濟增長的重要意義。

2.1.1.2 哈羅德—多馬增長模型

隨著經濟學理論的發展，羅伊·福布斯·哈羅德（Roy Forbes Harrod）[1] 和埃弗西·多馬[2]（Evsey Domar）提出了哈羅德—多馬經濟增長模型，其核心內容就是研究在人口、技術水準以及資本存量等變量在變動的條件下如何實現經濟的穩態均衡增長。這一模型最初用於解釋發達資本主義國家經濟增長與失業之間的關係，重心放在增長過程中資本累積的作用上。該模型採取固定系數、規模收益不變的生產函數，不存在技術進步與資本折舊，儲蓄與產出之間是簡單的線性關係。由於前提假設的局限性，在他們的模型中，經濟只有在勞動與資本必須充分就業和使用的條件下才能保持均衡，但兩種生產要素物質資本和勞動長期內的同時穩定增長很難實現。如果勞動力增長快於資本存量，那麼儲蓄率不夠，不足以雇傭全部的新增勞動力，將會導致失業顯著增加；如果資本存量快於勞動力，缺乏足夠的勞動力會導致資本的閒置，實際產出會受到現有工人數量的制約。哈羅德—多馬模型的這一特徵已經成為人們所熟知的「刀刃上的均衡」。這種經濟增長理論將勞動力數量與增長，也即將人口增長的因素考慮進去，雖然其理論認為資本和勞動之間不存在任何替代的可能性，但實際上絕大多數的生產過程勞動與資本是存在某種替代效應的。顯然，關於人口增長與資本的均衡及其變動狀況的分析是經濟增長理論率先給出的研究成果。

2.1.1.3 新古典增長理論

隨著經濟增長理論的進一步發展，美國經濟學家羅伯特·索

---

[1] R F Harrod. Toward a dynamic analysis. London：Macmillan, 1948.

[2] Evsey D Domar. Expansion and employment. American Economic Review, 1947（37）.

洛（Robert Solow）提出了一個新的經濟增長模型①。索洛修正了哈羅德—多馬模型剛性生產函數引起生產要素之間不能彼此替代的問題，去掉固定的生產函數，代之以新古典生產函數。在索洛模型中，資本—產出比和資本—勞動力不再是固定的，而是根據資本、勞動的相對稟賦以及生產過程而變化的。對索洛模型的概括可以表述為：工人人均產出依賴於工人人均資本的數量，工人人均資本量的變化依賴於儲蓄、人口增長率和折舊。索洛模型引入了人口增長率，並且允許資本與勞動力在增長過程中互相替代。並分析了人口增長率變化的影響，認為人口增長率的提高導致了較低的平均收入，反之，人口增長率下降導致了資本深化，同時人均工人資本量和穩態水準的工人人均收入增加。索洛模型還引入了技術進步並將其視為模型的外生變量，且技術進步克服了資本邊際報酬遞減規律，從而保證了經濟的可持續增長。但起初模型對技術進步的外生性假定，即技術進步的哈羅德中性假設，使得索洛模型不能夠解釋現實中各國經濟增長率、人均收入水準和實際人均GDP增長率存在差異的現象。因此索洛進一步假設技術進步是希克斯（Hicks）中性的，即技術進步並沒有改變資本的邊際產量對勞動的邊際產量之間的比率，然後通過一個簡單的數學計算將產出的增長分解為資本、勞動力和技術進步的增長之和，其中技術進步的增長率就是所謂的「全要素生產率」增長率，後來這一方法被廣泛運用於分析產出增長的源泉。索洛模型引入了人口增長率這一變量，對經濟增長的穩態均衡進行了討論，這是我們需要借鑑的重要學術成果。儘管索洛模型為分析經濟增長提供了相對強有力的框架，但它對現實世界的推算太簡化了，因此並不是盡善盡美的，後來諸多學者對索洛模型進行了重要的修正。

新古典經濟增長模型大多以物質資本為基礎，但也強調技術的重要性，認為技術進步是經濟增長的引擎。如果不存在技術進

---

① Robert Solow. A contribution to the theory of economic growth. Quarterly Journal of Economics 70，1956（2）：65–94；Technical Change and the Aggregate Production Function，Reviews and Statistic39，1957（8）：310–320. 關於新古典增長理論還可參見戴維. N. 韋爾. 經濟增長[M]. 北京：中國人民大學出版社，2007.

步,就不會出現經濟增長,並用技術進步率的差別來解釋富國越富、窮國越窮的現象。但是在新古典增長理論中,技術進步以一個外生的固定比率增長,模型無法解釋不同經濟體之間存在的技術差別。且在新古典經濟增長理論框架裡,分析人口增長對經濟增長的影響時結論並不確定,由於生產要素的邊際收益遞減,人口增長將降低勞動的平均生產率的增長速度,稱為「資源稀釋效應」;若人口增長降低了其他要素與技術的增長,勞動生產率的增長降低更甚。如果人口增長能夠刺激其他要素與技術的增長,稱為「資源增進效應」,那麼,勞動生產率是增加還是降低,取決於資源稀釋效應和資源增進效應的淨效果。新古典增長理論還依據各種特徵對人口變量進行分解,考察年齡結構、性別構成、教育水準和勞動參與程度等不同的變量或變量框對經濟增長的影響。但總體來看,新古典增長框架下人口規模和人口增長對於經濟增長的影響在理論上是模糊的[1]。不管怎樣,經濟增長理論引入了人口增長或勞動力增長的因素,探討了勞動增長與資本存量、儲蓄率、經濟增長等之間的關係,也是當前研究人口與經濟增長可持續性的重要理論框架和參考。

2.1.1.4 二元經濟理論

劉易斯(A. Lewis)1954 年發表了著名論文《勞動無限供給條件下的經濟發展》[2],又於 1955 年出版了《經濟增長理論》[3],給出了二元經濟理論,強調了發展中國家的經濟增長過程。與以往哈羅德—多馬增長模型和新古典增長理論主要觀察發達資本主義國家不同,二元經濟理論更多地從經濟結構來著手思考。劉易斯揭示了發展中國家並存著以農業等傳統生產方式為主的傳統部門和以工業為主的現代部門,由於發展中國家農業中存在著邊際生產率為零的剩餘勞動力,因此農業剩餘勞動力向現代部門轉移

---

[1] 都陽對此有相應的綜述分析。參見都陽. 人口轉變的經濟效應及其對中國經濟增長持續性的影響 [J]. 中國人口科學,2004 (5).

[2] A Lewis. Economic development with unlimited supplies of labour. Manchester School of Economic and Social Studies, 1954, 22 (2): 139–191.

[3] 劉易斯. 經濟增長理論 [M]. 北京:商務印書館,2002.

能夠促使二元經濟結構逐步消減。此後,費景漢與拉尼斯①(H. Fei and G. Ranis,1964)修正了劉易斯模型中的假設,在考慮工農業兩個部門平衡增長的基礎上,完善了農業剩餘勞動力轉移的二元經濟發展思想。這樣劉易斯—費景漢—拉尼斯模型(簡稱劉—費—拉模型)就成為在古典主義框架下分析二元經濟問題的經典模型。出於對劉—費—拉模型的反思,喬根森②(D. W. Jogenson,1967)力圖在新古典主義的框架內探討工業部門和農業部門的發展問題,哈里斯特和托達羅③(Harrist & Todaro,1970)則拓展了發展中國家勞動力遷移理論。儘管就二元經濟的相關理論問題特別是剩餘勞動力轉移的問題還存在較多爭議,如托達羅就專門對劉易斯鄉村—城市流動的勞動力轉移提出過批評。但總體而言,二元經濟理論認為傳統部門的剩餘勞動力的邊際生產為零不利於經濟的發展,而剩餘勞動力的轉移與現代部門的擴張則是一個產出增加與經濟增長的過程。二元經濟理論在一定程度上揭示了人口與經濟增長之間的關係。

2.1.1.5 內生增長理論

儘管索洛模型為分析經濟增長提供了較為有力的框架,但是模型中的儲蓄率、勞動力增長、勞動技能等參數值並不是給定的,而是部分地由政府決策、經濟結構及增長本身的速度決定的。經濟學家探索了使得一個或多個這樣的變量可以在模型內決定的更為成熟的模型④。內生增長理論擺脫了索洛的分析框架,假定國

---

① 對二者的學術思想參見費景漢,古斯塔夫拉尼斯. 增長和發展:演進觀點. 北京:商務印書館,2004.

② Dale W Jorgenson. The development of a dual economy. The Economic Journal, 1961, 71 (282): 309 - 334.

③ John R Harris, Michael P Todaro. Migration, unemployment and development: A two - sector analysis. The American Economic Review, 1970, 60 (1): 126 - 142.

④ 對內生增長理論做出開創性貢獻的有:Paul Romer. Increasing returns and long - run growth. Journal of Political Economy, 1986, 94 (10): 1002 - 1037; Robert Lucas. On the mechanics of economic development. Journal of Monetary Economics, 1988, 22 (2): 3 - 42; and Paul Romer. Endogenenous technological change. Journal of Political Economy, 1990, 98 (10): 71 - 102. 關於內生增長理論還可詳細參見羅伯特 J. 巴羅,夏威爾薩拉 - 伊 - 馬丁. 經濟增長 [M]. 2 版. 上海:上海人民出版社,2010.

民經濟具有規模收益遞增的特點而非索洛模型的規模收益不變，也即雙倍的資本、勞動力及其他生產要素會導致多於雙倍的產出，那麼內生增長理論其突出含義就在於物質資本與人力資本的影響比索洛模型所認為的要大，投資於人和教育不僅對廠商和個人投資有正的效應，而且對經濟增長主體也有溢出效應。並且，有著遞增的規模收益的經濟不一定必須達到索洛模型的穩態收入水準，而當投資的外部性很大時，資本的收益遞減也不一定會發生，所以增長不會放慢，經濟也不一定達到穩態。因此，這些模型可以解釋許多國家持續的人均增長不是依賴於索洛模型中外生的技術變化的事實。且我們從內生增長理論中的單部門模型以及兩部門模型的角度來看，包括 AK 模型、含有人力資本的單部門模型、干中學和知識溢出的模型等在內都將人力及人力資本內生化，從而得出了相應的結論。而關於生育率的問題，內生增長理論一個重要研究思路就是通過將生育選擇的分析引入新古典增長模型，從而把人口增長率內生化，其主要結論就是：在絕大多數範圍內，生育率會隨著人均收入的提高而下降，但對於最貧窮的國家來講，生育率則會隨著人均收入的提高而上升。綜合來講，在人口與經濟增長關係中，內生增長理論放鬆了新古典增長理論對人口與人口增長率的束縛，駁斥了新古典增長理論中關於人口增長外生於經濟增長的觀點，經驗觀察了生育率與人均收入之間的反向關係，將勞動力與人力資本內生化，進行與經濟增長關係的研究。這也是對中國人口與經濟增長研究的重要啟示和意義所在。

2.1.2　西方經典人口經濟理論關於人口與經濟增長的研究

所謂西方經典人口經濟理論主要是指在 20 世紀人口經濟學的繁榮期產出了大量的成果，並將此時期的理論與經驗成果定義為西方經典人口經濟理論。除卻經濟增長理論中關於人口因素的討論外，西方學者還對人口與經濟增長關係進行了很多的探討，包括經驗的和理論的，這些關於人口與經濟增長的理論碎片與系統探討，有助於我們更進一步認識人口與經濟增長之間的關係。

納爾克斯（R. Nurkse, 1953）在發展中國家資本形成狀況的基礎上分析了人口增長對經濟發展的影響，在其《論發展中

家的資本形成》一書中①，將資本形成作為經濟發展的主要變量，指出發展中國家經濟體主要是由於資本不足導致了貧困的惡性循環。這種惡性循環狀況與人口增長過快所形成的人口對經濟、社會、資源、環境的壓力密切相關，主要表現形式是存在大量隱蔽性失業人口。美國哈佛大學教授安斯利・科爾和埃德加・M. 胡佛（Ansley J. Coale and Edgar M. Hoover, 1958）發表的《低收入國家人口增長和經濟發展》中②，構建了印度經濟發展的數學模型，並分別假定高、中、低三種生育率來預測未來印度人均收入的變化狀況，其模型主要是建立在哈羅德—多馬經濟增長模型基礎上的。他們認為從人口規模、人口增長速度和人口年齡結構來分析人口增長對人均收入的影響，發展中國家較快的人口增長不能引起大量的投資，高人口增長率使人口年齡結構更加年輕會導致撫養比增大，其結論認為人口的迅速增加會對經濟發展產生不利的影響。

哈維・萊賓斯坦③（Harvey Leibenstein）和納爾遜④（R. R. Nelson）則發表了關於人口增長與經濟發展的分析模型，他們將人口看成是受到收入影響的內生變量，與馬爾薩斯相同的是，他們認為收入的增加導致人口增長率的提高，而當人口的增長超出收入的增長，平均收入便會下降，並必然會導致陷入一個低水準的均衡。萊賓斯坦還認為要使一個國家經濟起飛，就需要足夠努力以克服發展的抑制因素，他將這種努力稱為臨界最小努力，指為了擺脫低水準均衡所必須要付出的最小努力。他還分析了人口增長與臨界最小努力之間的相互關係，分析了人口變量與經濟發

---

① R. Nurkse, Problems of Capital Formation in Under–Developed Countries, Oxford University Press, 1953.

② Ansley J. Coale and Edgar M. Hoover, Population Growth and Economic Development in Low–Income Countries: A Case of India』s Prospects, Princeton University Press, 1958 p. 18.

③ Harvey Leibenstein, A theory of Economic Demographic Development, Princeton University Press, 1954.

④ R. R. Nelson, A Theory of Low Level Equilibrium Trap in underdevelopoment Countries, American Economic Review, 1956, 46 (5): 894–908.

展之間的關係①，認為在較低發展水準階段，人口的快速增長是阻礙經濟發展的主要原因。朱利安·西蒙②（Julian Lincoln Simon）在其著作《人口增長經濟學》中分析了人口增長對經濟發展的影響，運用科布—道格拉斯生產函數做出瞭解釋，認為人口增長對增加物質資本存量和勞動力總量具有正向效應，資本存量的增加和勞動力素質的提高有利於勞動生產率的提高，會增加總產出。並且，由於知識的增加對勞動生產率的提高具有極其重要的作用，而人口增長會促使知識存量增加，會促使新知識和新技術的應用，這一由人口增加所帶來的增長效應對於經濟發展非常有利。

　　西蒙·庫茲涅茨③（Simon Kuznets）從長期、宏觀的角度研究了人口增長與經濟增長之間的關係，在其《人口增長和有關經濟變量的長期波動》一文中，分析了美國經濟增長波動和人口變動的長期趨勢。他認為，人口增長波動是經濟增長波動的主要原因，依據對現實和歷史的考察，得出了人口增長對經濟發展往往產生積極效果的結論。理查德·A.伊斯特林④（R. A. Easterlin）發表了一系列有價值的論文，他以人口增長和經濟增長長期波動為考察對象，對二者之間的關係進行了研究。他認為人口變量變動受收入、勞動參與率、勞動供求等條件的制約，這些條件對人口規模和勞動力規模起著制約的作用，而人口變量的變動則對經濟變動的波動起著拉平的作用。

　　科林·克拉克⑤（Colin Clark）認為，從長期來看，人口的增長可能比人口的穩定或下降更加能促進經濟的發展。他認為人口增長可以作為開墾土地、發展新的作物和肥料、促進灌溉技術的

---

① Harvey Leibenstein, Economic Backwardness and Economic Growth, NewYork: John Wile and Son, 1957.
② 朱利安. L. 西蒙. 人口增長經濟學 [M]. 北京：北京大學出版社, 1977.
③ 引自李竟能. 現代西方人口理論 [M]. 上海：復旦大學出版社, 2004：P15.
④ R. A. Easterlin Populaion, Labor Force, and Long Swings in Economic Growth, NBER, 1968.
⑤ Colin. Clark, Population Growth and Land Use, New York: St. Martin』s Press, 1967.

動力，而這些都與「農業革命」有關。馬歇爾·托達羅[①]也支持人口增長是經濟發展的促進因素的觀點，指出人口可以提供消費需求，引致生產上的經濟規模效應，降低生產成本，為經濟發展提供充裕、低廉的勞動力。他還對人口與經濟關係的較為中庸的觀點進行了概括，他總結為：人口增長並不是落後國家低收入水準、分配不公的首要原因；人口問題並不是簡單的數量問題，而是人類生活的福利問題；總的人口規模並不是人口問題的源泉，人口問題的源泉是人口集中特別是在大都市的集中。

斯彭格勒（J. J. Spengler）關於宏觀人口經濟學的一系列著述、法國人口學家索維（Alfred Sauvy）的《人口通論》等都考察了人口與經濟增長的相關關係，依據不同的理論支撐和現實考量，從各自不同的角度出發得出了不同的結論。總的說來，在西方經濟理論視域下，關於人口與經濟發展的文獻較多，仍有大量的文獻不斷論述相關理論與問題。美國國家科學院人口委員會所發布的專題報告《人口增長與經濟發展：政策問題》[②] 對人口增長與經濟發展之間的關係進行了較為全面的總結和回應。他們基於理論分析和經驗材料這兩個方面，對人口增長與經濟發展之間的內在關聯機制進行深入的探討，給出的定性結論表明，人口的低速增長對絕大多數發展中國家是有益於其經濟發展的；他們同樣認為人口增長與經濟發展具有複雜的聯繫，很難通過對量的嚴格估算而得出結果。從西方學者對於二者之間關係的探討來看，這似乎也是介於悲觀主義和樂觀主義之間的中間道路主義。

綜上，從文獻的整體構成來看，西方經典人口經濟理論關於人口與經濟增長大多從觀察人口規模（勞動力數量）、人口質量（人力資本）、人口增長率以及涉及人口增長影響範圍內的資源環境狀況、技術進步等與經濟增長之間的關係角度出發，形成了悲觀的、樂觀的、中性的人口與經濟增長效應的結論。現存的關於人口增長與經濟增長之間關係的理論模型不足，為我們完整理解

---

① Micheal Todaro. Economic Development in the Third World, New York: Longman, 1981: 173.

② 美國人口委員會等. 人口增長與經濟發展 [M]. 北京：商務印書館，1995.

二者關係提出了方法論的要求，即正確的理論模型要同時滿足把長期的人口增長和長期的技術變遷看做內生的過程①。人口增長與技術變遷兩個內生過程的相互適應、作用，構成了人口增長與經濟增長的長期關係。以此形成的理論範式，就可以超越傳統的各種模型，彌補其理論與經驗不符的缺陷（見表2－1）。這也是對於我們更加清晰地認識人口與經濟關係的一種理論構建。

表2－1　　　　　　人口與經濟關係的幾種範式

		技術變遷	
		外生的	內生的
人口增長	外生的	傳統關係模型	修正關係模型
	內生的	人口轉變模型	通用模型

資料來源：Blanchet. D., On Interpreting Observed Relationships between Population Growth and Economic Growth: A Graphical Exposition, Population and Development Review, 1991. 17 (1): 105–114.

2.1.3　西方學者對人口與經濟增長關係的理論突破

如前面兩小節所述，傳統西方經典人口經濟理論視域裡關於人口與經濟增長的視角主要聚焦在人口規模、人口增長率方面，由此導致了對於二者關係的悲觀、樂觀、中性的結論。但Bloom②(1997) 和Williamson③ (1997) 意識到了此中的問題，進行了反思。他們在解釋20世紀60年代以後日本與亞洲「四小龍」等國家和地區創造的東亞奇跡同西方發達國家經濟增長的差異時，除了考慮人口增長率之外，還將勞動年齡人口的變化納入了模型，試圖在人口轉變的背景下去探討人口年齡結構變化與經濟增長之間的關係。結果發現，人口年齡結構的改善導致人口撫養比的下降，對經濟增長做出了很大的貢獻。正如蔡昉所說的，20世紀90

---

① 蔡昉. 中國人口與可持續發展 [M]. 北京：科學出版社，2007，P38.
② Bloom David, Jeffrey Williamson. Demographic Transitions and Economic Miracles in Emerging, Asia, NBER Working Paper Series, Working Paper 6268, 1997.
③ Williamson Jeffrey. Growth, Distribution and Demography: Some Lessons from History, NBER Working Paper Series, Working Paper, No. 6244, 1997.

年代以來，對人口轉變與經濟增長關係的研究有了明顯的突破①，即將研究的重心轉移到觀察人口年齡結構與經濟增長關係上來，認為在人口轉變的過程中形成了有利於經濟發展的人口年齡結構，使得勞動力供給充足，社會負擔較輕，構成了經濟增長一個額外的源泉，即人口紅利。而在勞動力處於無限供給階段的二元經濟結構中，由於存在人口紅利，資本報酬遞減很難發生，因此，在一系列的體制環境保障的情況下，依靠投資與勞動力投入的增長方式，可以保持經濟增長的可持續性，這也在東亞經濟的高速增長中得到了驗證②。對此，西方學者圍繞著人口年齡變動、人口紅利，做了很多富有成效的研究。

Lindh 和 Malmberg③（1999）在人力資本調整的索洛增長模型中引入年齡結構因素，研究了 1950—1990 年經濟合作與發展組織（OECD）國家經濟增長的人口年齡結構變動影響。結果發現，50～64 歲的勞動力人口比重提升對經濟合作與發展組織中國家的經濟增長的正向促進作用非常顯著，而 65 歲及以上人口比重的影響顯著為負。

Andrew Mason④（1997）在對東亞奇跡進行研究時發現，除了政府出口導向、財政支持的經濟政策、良好的教育拓展、經濟外向程度日益深化、創新、工業振興政策等一系列因素之外，人口年齡結構轉變也發揮了重要作用。他認為，人口紅利被東亞經濟發展所吸收從而促進了區域經濟增長，但是他也指出，人口年齡結構變動本身並不能促進經濟奇跡的發生，人口紅利只是為經

---

① 蔡昉. 未來的人口紅利——中國經濟增長源泉的開拓 [J]. 中國人口科學, 2009 (1).

② Bhagwati Jagdish N. The Miracle That Did Happen: Understanding East Asia in Comparative Perspective, Keynote Speech at the Conference on Government and Market: The Relevance of the Taiwanese Performance to Development Theory and Policy in Honor of Professors Liu and Tsiang, Cornell University, May 3, 1996.

③ Lindh, T. andMalmberg, B. Age Structure Effects and Growth in OECD: 1950—1990, Journal of Population Economics, 1999, 12 (3): 431 - 449.

④ Andrew Mason, Population and the Asian Economic Miracle, Asia - Pacific Population & Policy, 1997, 43: 1 - 4

濟更快增長提供了有利的並可能被經濟增長所吸收的條件。例如，儘管與此同時的人口紅利條件非常可觀，泰國發生的金融危機還是導致了經濟短期內急遽滑坡。Bloom 和 Williamson[①]（1997）認為，年齡結構變化引起的生產和消費行為的差異產生了所謂的人口紅利。他們對 78 個東亞和非東亞國家 1965—1990 年和 1990—2025 年的數據進行了實證分析。結果發現，人口紅利能夠解釋東亞人均國內生產總值（GDP）增長率中的 1.37~1.87 個百分點，或者說，人口紅利能夠解釋 1/3 的東亞高速經濟增長奇跡。利用聯合國預測數據，他們估計得出，未來人口轉變將對經濟增長產生負面影響，即 1990—2025 年，人口年齡結構變動使東亞人均 GDP 增長減少 0.14~0.44 個百分點。

　　Bloom et al. [②]（2003）的研究拓展了 Bloom 和 Williamson 的國家截面數據分析方法，他採用時間序列與截面混合的面板分析方法，運用改進的內生經濟增長模型得出了與 Bloom 等相似的結論。1965—1990 年，東亞勞動年齡人口增長率大大超過被撫養人口，前者約為後者的 5 倍，這使得總撫養負擔快速減輕，從而促使人均收入快速增長。在 Bloom 等提出的人口紅利理論基礎上，Mason 和 Lee[③]（2006）進一步認為，人口年齡結構變動所帶來的「人口紅利」從兩方面促進經濟增長。一方面，勞動年齡人口相對於總人口的增加提高了生產性人口相對於消費性人口的比例，這被稱為人口紅利的「結構效應」；另一方面，勞動年齡人口的相對增加降低了社會的撫養比，這使得勞動人口所負擔的人口減少，從而將收入中的更多部分用於儲蓄和資本供給，這被稱為人口紅利的「行為效應」。

---

　　① Bloom, David and Jeffrey Williamson（1997）, Demographic Transitions and Economic Miracles in Emerging, Asia, NBER Working Paper Series, Working Paper 6268.

　　② Bloom, D. D., Canning, D., & Graham, B., Longevity and Life Cycle Savings, Journal of Economics, 2003, 105: 319–338.

　　③ Mason, A. and Lee, R., Reform and Support Systems for the Elderly in Developing Countries: Capturing the Second Demographic Dividend, Genus, 2006, 57 (2): 11–35.

Mason①（2006）進一步測算了1970—2000年期間兩種效應對工業化國家、東亞和東南亞、南亞、拉美、撒哈拉以南非洲等地區的經濟增長的貢獻率。以東亞和東南亞為例，他的計算表明，兩種效應的貢獻分別為0.59、1.31。Lee和Mason②（2006）提出大部分亞洲國家的人口紅利即將結束，但之後這些國家仍可以享有「第二人口紅利」。他們認為，進入老齡化階段後，由於勞動年齡人口的理性選擇，形成了為退休儲備資產的儲蓄動機，帶來社會的整體財富累積增加，勞動力的數量下降則會提高單個勞動力的生產資本，使在較長時期內保持較高的水準，從而繼續推動經濟增長。這就是「第二人口紅利」，它的產生將會繼續推動經濟增長。

西方學者在對人口紅利進行研究的同時，還深入分析了人口因素對儲蓄率的影響。Leff③（1969）運用1964年74個國家的截面數據發現，人均收入水準、經濟增長速度、少兒撫養比、老年撫養比、總撫養比對儲蓄率均有正向的顯著影響。Ram④（1982）運用1977年的128個國家截面數據也得出了類似的結論。Modigliani⑤（1986）認為，在人口穩態增長條件下，儲蓄率與人均收入完全不相關，而主要受人均收入增長率和人口年齡結構的顯著影響。Kelly和Schmidt⑥（1996）的研究則表明儲蓄率與少兒人口比例和老年人口比例因時期的不同而呈現負相關或無關關係。

---

① Mason, Andrew, Demographic Transition and Demographic Dividends in Developed and Developing Countries, UN Expert Group Meeting on Social and Economic Implications of Changing Population Age Structures, 2005.

② Lee, Ronald and Andrew Mason, What Is the Demographic Dividend? Finance and Development. 2006, Volume 43, Number 3.

③ Leff N H., Dependency Rates and Savings Rate, American Economic Review, 1969, 59 (5): 886 - 896.

④ Ram R., Dependency Rates and Aggregate Savings: A New International Cross - section Study, American Economic Review, 1982, 72 (3): 537 - 544.

⑤ Modigliani F., Life Cycle, Individual Thrift, and the Wealth of Nations, The American Economic Review, 1986, 76 (3): 297 - 313.

⑥ Kelley A, Schmidt R., Aggregate Population and Economic Growth Correlations: the Role of the Components of Demographic Change, Demography, 1996, 32 (4): 543 - 555.

Higgins 和 Williamson[①]（1996）分析了1952—1992年16個亞洲國家的面板數據後，發現當期儲蓄率與年齡構成之間存在相關關係。Bloom 和 Williamson[②]（1998）則發現，生育率的迅速下降將導致該時期的儲蓄率大幅上升。Schultz[③]（2005）則用相同的數據進行實證，發現當期儲蓄與年齡構成之間沒有顯著的關係，但滯後一期的儲蓄率對當期的儲蓄率有明顯的影響。

就文獻來看，人口變動引發一系列經濟變量變動，主要是通過生育率的下降、人口轉變的完成、人口年齡結構的變動等，帶動人口紅利，從而對經濟增長實施影響。更多地從人口結構的角度出發，這是西方學者對於人口對經濟增長影響的理論的突破和重大貢獻，也是將其成果運用到中國經濟增長解釋和尋找增長源泉時的重要理論支撐。應指出的是，人口紅利的存在只是經濟增長的潛在機遇，這種機遇能否兌現取決於一個國家或地區的政策環境，包括宏觀經濟管理、勞動力配置、制度因素、貿易開放度、教育培訓政策等。比如，拉丁美洲就是一個失敗的典型。拉丁美洲也經歷了與東亞相似的人口轉變過程，但是它的經濟表現要遠遠落在後面。過分強調工業化、城市化和經濟的高速增長、經濟社會的畸形發展、不合理的收入分配結構、政治不穩定、高通貨膨脹、勞動關係不和諧等都使拉丁美洲國家喪失了寶貴的「人口機會窗口」。東亞國家之所以能夠收穫人口紅利來促進經濟增長，主要是東亞國家採取了合適的經濟發展政策，如外向型的貿易政策、符合比較優勢的產業政策、人力資本的開發策略等，從而創造了大量的就業機會，實現了勞動力的充分就業，有效地利用了人口轉變所帶來的機會。

---

① Higgins M., Williamson J G., Asian Demography and Foreign Capital Dependence, Working Paper, 1996.

② Bloom D E, Williamson J. G., Demographic Transitions and Economic Miracles in Emerging Asia, World Bank Economic Review, 1998, 12 (3): 419-456.

③ Schultz T P. 人口結構和儲蓄：亞洲的經驗證據及其對中國的意義 [J]. 經濟學（季刊），2005 (4).

2.2 中國學者關於人口與經濟增長的相關研究

2.2.1 關於人口轉變、人口紅利與經濟增長關係的研究

如前所述，對於人口與經濟增長不能僅僅限於西方經濟增長理論視域下進行討論，還需要更多從人口轉變、人口結構的角度入手，將人口紅利作為解釋經濟增長的重要源泉。由此，對人口紅利的觀察與解釋，在經濟增長理論中具有重要意義。關於中國的人口轉變、人口紅利與經濟增長，中國學者做了大量富有建設性的工作。

蔡昉（2004）[1]把人口轉變引致的不同人口年齡結構特徵看做是經濟增長的人口紅利，論證了高儲蓄率、充足的勞動力供給和低撫養比對改革以來的中國經濟高速增長的貢獻，認為最大化促進就業是維持人口對經濟增長效應的關鍵。並且蔡昉（2009）[2]通過回顧中國經濟增長中的人口紅利，探討了勞動年齡人口增速放緩、剩餘勞動力漸趨枯竭和人口老齡化的條件下，中國如何保持經濟增長的可持續性，並給出相應的制度安排。蔡昉（1999）[3]解析了勞動力數量增長、人力資本累積與就業結構轉變對中國經濟增長的貢獻，探討了這些因素支撐長期經濟增長的可持續性，對中國1982—1997年的經濟增長源泉分解表明，物質資本貢獻份額為29.02%，勞動力數量部分為23.71%，人力資本部分為23.70%，而勞動力配置與技術進步分別為20.23%和3.34%。王學義（2007）[4]在對中西方經驗認識的基礎上提出了在人口轉變、

---

[1] 蔡昉. 人口轉變、人口紅利與經濟增長的可持續性——兼論充分就業如何促進經濟增長[J]. 人口研究, 2004 (3).

[2] 蔡昉. 未來的人口紅利——中國經濟增長源泉的開拓[J]. 中國人口科學, 2009 (1).

[3] 蔡昉. 中國經濟增長可持續性與勞動貢獻[J]. 經濟研究, 1999 (10).

[4] 王學義. 人口轉變、人口政策影響經濟增長的可持續性研究[J]. 生態經濟, 2007 (10).

人口政策的宏觀背景下影響經濟增長可持續性的基本思路、研究的重點難點，並確立人口轉變、生育率下降、人口衰減後果等15個基本研究範疇的框架。王德文、蔡昉、張學輝（2004）[①]認為人口轉變是挑戰中國經濟持續增長的一個重要因素，主要通過勞動供給、儲蓄與技術進步等渠道對長期經濟增長施加影響，得出1982—2000年中國總撫養比下降了20.1%，帶來經濟增長2.3%，同期的人均GDP增長速度為8.6%，相當於人口轉變對人均GDP增長貢獻為26.8%。並提出中國需要通過擴大就業、加快人力資本累積和建立適合中國國情的可持續的養老保障模式三條途徑來挖掘未來潛在的人口紅利，推動中國經濟持續增長。都陽（2004）[②]運用中國分省資料，對人口因素與經濟增長之間的關係進行了實證研究，認為人口因素對經濟增長的影響是動態的，出生率增加對經濟增長的負面影響越來越小，新增勞動力對中國經濟增長的積極影響越發明顯。王桂新（2010）[③]以人口為中心系統地分析了中國改革開放以來經濟持續高速增長的主要因素，認為人口變動因素是從四個方面對中國經濟持續高速增長起推動作用，包括巨大的消費需求市場、對勞動力巨大需求的滿足、人口遷移促進了生產要素優化配置和集聚效應的提高以及豐厚的人口紅利，並認為基於人口因素的考慮，中國經濟還能持續增長20年。汪小勤（2007）[④]從人口紅利的三個方面，即高勞動參與率、高儲蓄率以及較高的勞動力配置效率入手，分析了妨礙人口紅利發揮的因素，提出了提高勞動力素質和消除城鄉勞動力流動障礙、實現人口紅利效應最大化的措施。王豐等（2006）[⑤]對中國經濟與人口轉變過程尤其是人口因素在經濟轉變中的作用加以評估，

---

① 王德文，蔡昉，張學輝．人口轉變的儲蓄效應和增長效應——論中國增長可持續性的人口因素［J］．人口研究，2005（9）．

② 都陽．人口轉變的經濟效應及其對中國經濟增長持續性的影響［J］．中國人口科學，2004（5）．

③ 王桂新．中國人口變動與經濟增長［J］．人口學刊，2010（3）．

④ 汪小勤，汪紅梅．「人口紅利」效應與中國經濟增長［J］．經濟學家，2007（1）．

⑤ 王豐，安德魯梅森．中國經濟轉型過程中的人口因素［J］．中國人口科學，2006（3）．

對人口變化對經濟發展的有利作用進行了估算，並對人口老齡化對經濟發展的可能影響和機遇進行了評估。趙進文（2004）[①]運用協整理論對中國人口轉變與經濟增長進行了實證研究，其研究結果證實了在出生率、嬰兒死亡率、實際人均工資、實際GDP之間存在單向的Granger因果關係，且出生率與死亡率均為經濟系統的內生變量。左學金等[②]（2006）考察了中國人口轉變的進程及其對經濟增長的影響，包括了勞動力供需關係和就業的影響、對消費需求的影響、對社會保障體制的財務可持續性的影響、對人口城鄉遷移和城市化的影響、對中國經濟在國際市場的比較優勢和產業結構的影響以及對創新能力的影響。李通屏（2002）[③]以人口增長和經濟增長的關係為視角，解析了第二次世界大戰後50多年日本經濟增長的演變，提出了人口增長對經濟增長的作用機制，認為對於低生育率的日本，要刺激經濟增長，必須容忍人口增長。賀俊等（2006）[④]運用經濟增長理論分析了人口與經濟增長的關係，提出了人口增長通過擴大市場容量、形成集約化經濟社會組織、促進科技進步、對社會發展巨大的正外部性促進經濟增長。王德文（2006）[⑤]總結了人口轉變對東亞奇跡的貢獻，認為人口轉變帶來的年輕人口年齡結構為東亞經濟帶來了人口紅利，且東亞通過發展勞動密集型產業和開發人力資源發揮了比較優勢，但人口老化、養老金的現收現付制度對經濟增長帶來了衝擊。

2.2.2 關於生育率與經濟增長關係的研究

關於低生育水準與經濟增長的討論是近年來才開始的，從文獻數量來看相對較少。定量或定性的研究結果表明，生育率對經

[①] 趙進文. 中國人口轉變與經濟增長的實證分析 [J]. 經濟學（季刊），2004（4）.

[②] 左學金，楊曉萍. 中國人口轉變的長期經濟影響//曾毅. 21世紀中國人口與經濟發展 [M]. 北京：社會科學文獻出版社，2006：143-158.

[③] 李通屏. 人口增長對經濟增長的影響：日本的經驗 [J]. 人口研究，2002（6）.

[④] 賀俊，劉庭，畢功兵. 經濟增長、人口增長與人口政策 [J]. 江淮論壇，2006（5）.

[⑤] 王德文. 人口轉變與東亞奇跡：經驗與啟示，中國社科院人口與勞動經濟研究所工作論文系列五十四，2006.

濟增長存在長期的影響。王德文（2007）[①]指出隨著中國人口進入低生育階段，人口低增長最終會帶來勞動力供給的低速增長和人口老齡化速度加快。而在持續快速的經濟增長情況下，勞動年齡人口比重和數量下降，會誘發工資率不斷上升，未來中國經濟增長持續增長將取決於物質資本和人力資本的累積、勞動生產率的提高和轉變經濟增長方式。陸杰華等（2000）[②]依據人口預測對中國低生育水準的宏觀經濟後果進行客觀分析，並從低生育水準下的勞動資源變化、撫養比變化、人力資本存量變化與勞動生產率變化考察其宏觀經濟後果，認為緩解勞動力供求矛盾和提高人力資本存量是其積極影響，對撫養比和養老保障體系產生負面影響，勞動生產率則沒有得到驗證。都陽（2005）[③]分析中國在改革開放後低生育率水準對中國的長期經濟增長產生的影響，計量結果表明生育政策的邊際效果漸趨下降而經濟發展所產生的影響依然明顯，同時生育率下降對經濟增長的負面影響已開始顯現。因此，人口發展政策也不可能繼續保持單一和純粹的目標，充分考慮人口數量質量和結構變化對長期經濟增長所產生的影響將是人口政策調整的重要要求。陳瑄（2003）[④]認為超低生育水準所帶來的嚴重的人口老齡化將對許多國家和地區區域經濟增長產生負面的影響，並以江蘇太倉為例，將人力資本存量作為聯繫人口因素和經濟增長的中間變量，從人力資本的數量和質量兩個方面分析了超低生育水準對經濟增長的影響。另外，還有較多從低生育率對人口發展的影響、與社會的協調發展以及政治軍事視野等角度的研究則不在本書的文獻研究之列，但可作為參考性的研究資料和素材。

[①] 王德文. 人口低生育階段的勞動力供求變化與中國經濟增長 [J]. 中國人口科學, 2007 (1).

[②] 陸杰華, 彭琰. 中國低生育水準下的宏觀經濟後果分析 [J]. 經濟問題, 2000 (9).

[③] 都陽. 中國低生育率水準形成及其對長期經濟增長影響. 中國社會科學研究院工作論文之四十五, 2005.

[④] 陳瑄. 超低生育水準對人力資本和經濟增長的影響 [J]. 上海經濟研究, 2003 (7).

2.2.3 關於人口年齡結構、人口轉變與儲蓄率關係的研究

關於人口年齡結構、人口轉變與儲蓄率關係的研究，是人口與經濟增長關係研究的一個重要內容。人口年齡結構、人口轉變對經濟增長影響的重要路徑就是通過有利於提高儲蓄率、有利於資本的累積和形成來完成的，這個話題也一直是受國內外學者高度關注的。近年來，中國學者對此也進行了研究。王德文、蔡昉、張學輝[1]（2004）運用 Leff 模型的實證表明，中國人口轉變對儲蓄率有顯著性的實證影響，少兒撫養比和老年撫養比對儲蓄率的迴歸系數分別為 -0.109 和 -0.113，且較為顯著。袁志剛、宋錚[2]（2000）的研究結果表明，人口老齡化會激勵居民增加儲蓄，中國未來的老齡化可能是造成儲蓄率上升的重要因素。賀菊煌[3]（2006）分析得出，少兒撫養比下降對儲蓄率影響甚小，老年撫養比變動對儲蓄率的影響相對要大得多。汪偉[4]（2008）則發現，少兒撫養比和老年撫養比對儲蓄率均有顯著的解釋作用，養老壓力的增加是儲蓄率上升的重要因素。李儉富[5]（2008）分析了經濟變量、人口結構變量與儲蓄率的關係，發現滯後一期的儲蓄率對當期儲蓄的影響最大，與少兒撫養比之間存在顯著負相關性，老年撫養比則不顯著。鐘水映、李魁[6]（2009）運用二步系統 GMM 方法對中國省際面板數據進行估計的結果發現，少兒撫養比的下降是促使居民儲蓄率上升的重要原因之一，而老年撫養比對儲蓄率的影響則不顯著。對文獻的檢索和分析表明，一般認為人

---

[1] 王德文，蔡昉，張學輝. 人口轉變的儲蓄效應和增長效應——論中國增長可持續性的人口因素 [J]. 人口研究，2004 (5).

[2] 袁志剛，宋錚. 人口年齡結構、養老保險制度與最優儲蓄率 [J]. 經濟研究，2000 (11).

[3] 賀菊煌. 人口紅利有多大 [J]. 數量經濟技術經濟研究，2006 (7).

[4] 汪偉. 中國居民儲蓄率的決定因素——基於 1995—2005 年省際動態面板數據的分析 [J]. 財經研究，2008 (2).

[5] 李儉富. 經濟增長、人口結構與儲蓄率的關係研究 [J]. 統計教育，2008 (12).

[6] 鐘水映，李魁. 勞動力撫養負擔對居民儲蓄率的影響研究 [J]. 中國人口科學，2009 (1).

口年齡結構對儲蓄率的影響確實存在，但因為數據、估計方法等不同，少兒撫養比、老年撫養比等對儲蓄率的影響究竟多大，顯著與否，都沒有取得一致的共識。

2.2.4 關於勞動力供給與劉易斯轉折點的討論

關於勞動力的供給與劉易斯轉折點的討論是近年來學術研究的一個熱點。學者通過對中國人口轉變的理論分析，對勞動力供給狀況的研究，結合劉易斯二元經濟模型，提出了中國是否迎來了劉易斯轉折點的命題。率先較為系統地提出這一命題的是蔡昉[1]（2007），他在人口與勞動綠皮書中提出，隨著勞動年齡人口增長逐漸下降為零，人口結構變化較大，且這樣的變化反應在了近年來勞動力市場和經濟增長上，認為中國正迎來劉易斯轉折點。他專門就劉易斯轉折點的到來、劉易斯轉折點與長期經濟增長、劉易斯轉折點與經濟發展挑戰等方面進行了較為系統的論述[2]。蔡昉圍繞著劉易斯轉折點對諸多方面進行了研究，包括中國經濟面臨的轉折及其對發展和改革的挑戰[3]、農村勞動力剩餘之謎[4]、劉易斯轉折點與公共政策方向轉變[5]、人口轉變、人口紅利逐漸消失與劉易斯轉折點的關係[6]、劉易斯轉折點與農業發展政策選擇[7]，等等。綜合來看，蔡昉教授從人口轉變、人口年齡結構、人口紅利等中國人口條件出發，通過對中國勞動力的變動、發展的判斷，運用經濟學理論從各個不同的視角論述了中國劉易斯轉折點的到來，判斷中國經濟進入了新的發展和轉型階段，並對劉

---

[1] 蔡昉. 中國人口與勞動問題報告 No.8——劉易斯轉折點及其政策挑戰 [M]. 北京：社會科學文獻出版社，2007.

[2] 蔡昉. 劉易斯轉折點——中國經濟發展新階段 [M]. 北京：社會科學文獻出版社，2008.

[3] 蔡昉. 中國經濟面臨的轉折及其對發展和改革的挑戰 [J]. 中國社會科學，2007 (3).

[4] 蔡昉. 破解農村剩餘勞動力之謎 [J]. 中國人口科學，2007 (2).

[5] 蔡昉. 劉易斯轉折點與公共政策方向的轉變 [J]. 中國社會科學，2010 (6).

[6] 蔡昉. 人口轉變 人口紅利與劉易斯轉折點 [J]. 經濟研究，2010 (4).

[7] 蔡昉. 劉易斯轉折點後的農業發展政策選擇 [J]. 中國農村經濟，2008 (8).

易斯轉折點的政策含義與啟示進行了較為完整的概括。但這並不意味著中國劉易斯轉折點的到來為學術界全部認同，有學者對此進行了質疑，提出了不同的觀點。歸納總結相關文獻可以發現，反對的聲音主要集中在兩點：一是關於劉易斯轉折點的理論判斷。即劉易斯轉折點其真正含義究竟是勞動無限供給到有限剩餘的轉折點①，還是農村剩餘勞動力被現代部門完全吸收，農村邊際生產率與現代部門邊際生產相等的二元經濟向一元經濟轉變的轉折點。此即關於劉易斯轉折點與劉易斯第二轉折點（也稱商業化點）的爭論。如曹斌②（2010）認為劉易斯轉折點應該就是指剩餘勞動力被轉移吸收完全，二元經濟向一元經濟轉變的時點。二是關於中國是否真正迎來了劉易斯轉折點，應在何種層面上去理解劉易斯轉折點。樊綱③（2007）認為中國劉易斯轉折點遠未到來，中國還有大量的農村剩餘勞動力還沒有轉移出來，還將長期處於勞動力過剩階段。袁志剛④（2010）對中國當前劉易斯轉折點提出了質疑，認為當前農民工短缺、漲薪不是意味劉易斯轉折點的到來，因為戶籍制度等制度性的城鄉分割影響致使農村仍然有大量的剩餘勞動力沒有轉移出來。農民工工資的上升並不意味著經濟結構的轉型與產業結構升級，勞動力素質的提高才是主要因素，且未來城市化進程的最大關鍵在於戶籍制度與土地制度的改革。孫自鐸⑤（2008）認為中國還沒有進入劉易斯轉折點，剩餘勞動力較多，人口紅利也遠非經濟增長的主要原因。《人口研究》編輯部⑥（2009）專門組織了幾位學者對劉易斯轉折點進行

---

① 蔡昉認為劉易斯轉折點就是指的這個時點，並認為此時點開始出現勞動力需求增長速度超過供給增長速度、工資開始提高的情形，並且農業勞動力的工資尚未由勞動的邊際生產力決定，農業與現代部門的勞動的邊際生產力仍然存在差異。

② 曹斌. 二元經濟、剩餘勞動力和劉易斯轉折點［J］. 雲南財經大學學報，2010（5）.

③ 樊綱. 企業家最重要的社會責任就是創造就業. 新華網重慶頻道，2007-11-05.

④ 袁志剛. 關於中國「劉易斯拐點」的三個疑問［J］. 當代經濟 2010（10）.

⑤ 孫自鐸. 中國進入「劉易斯拐點」了嗎？——兼論經濟增長人口紅利說［J］. 經濟學家 2008（1）.

⑥ 人口研究編輯部. 從「民工荒」到「返鄉潮」：中國的劉易斯拐點到來了嗎？［J］. 人口研究，2009（3）.

了討論。總體來看，劉易斯轉折點作為一種影響力較大的學說是存在爭論的，這是正常的學術爭鳴。但爭論的存在並不代表當前中國劉易斯轉折點研究不重要，也絕不是「理想模型」、「虛假命題」。恰恰相反，這樣的爭論只會為促進中國經濟轉型，實現經濟可持續增長提供強大的理論支持和經濟解釋。理論的爭辯後也自有實踐的驗證，我們要做的是積極思考，進行實證，理論自信和等待歷史的檢驗。

2.3 簡短評述

　　人口作為宏觀經濟變量中的剛性因素之一，作為理解經濟增長的一個重要線索，作為包含了若干變量的變量框，對於理解人口與經濟增長的關係有著極為重要的意義。西方學者循著人口規模、人口增長率對經濟增長的影響，經濟增長理論中關於人口變量的研究，以及古典或新古典的人口經濟理論思想的研究路徑，逐漸轉移到了從人口結構出發去闡釋對經濟增長的影響，引發了對於人口轉變的經濟後果的思考，對於人口內生性問題和人力資本理論的思考，以及人口紅利理論的新突破和創新，從而將研究重心從人口規模、人口增長率等數量性變量的影響，更多轉移到人口年齡結構、勞動力結構、人口紅利等結構性的變量上來。西方學者在理解人口作為經濟增長中的長週期的變量基礎上，逐漸把握住了人口與經濟增長之間的理論脈絡，為研究人口對經濟增長的影響提供了很好的理論視角和研究素材。中國學者對此也有很多可貴的富有價值的研究，雖然在理論創新的角度走在後列，但在運用相關理論對中國經驗進行觀察和總結、提出中國問題的思考及結論、解釋中國特色的人口轉變軌跡、人口紅利特徵、人口老齡化、劉易斯轉折點與中國經濟增長和轉型等問題有著重大的貢獻。雖然對人口與經濟增長領域的爭論甚至存在於基本概念與觀點，這並不妨礙研究的深入展開和存在學術價值。

　　綜合文獻來看，還缺乏對低生育水準背景下與經濟增長關係的關照。低生育水準作為世界範圍內出現的一種人口發展態勢，

具有極高的研究價值。對低生育水準與經濟增長關係的研究，還有待進一步加強。當然，在生育率的描述及生育率下降的經濟解釋方面文獻較多，但回答低生育水準對經濟增長的影響這一現實問題方面文獻較少。從中國目前的生育率下降與低生育水準的態勢來看，中國未來可能很快就會面臨與日本、歐洲相似的低生育率和老齡化問題，而對未來經濟增長的影響還缺乏足夠的預見性研究。因此，我們應該在現有文獻的研究基礎之上，加強對低生育水準及其對經濟增長影響的研究。

2.4 本書理論框架

從低生育水準與經濟增長關係的角度研究中國的經濟增長問題，這是本書的主題。根據人口與經濟增長相關理論和以往的研究和述評，考慮到低生育水準這一現實背景與中國現階段的特殊國情，本書給出了低生育水準下經濟增長可持續性研究的理論邏輯框架，用圖2-1、圖2-2來加以說明。

筆者認為，人口統計學中諸多人口變量，在經濟增長理論裡或為外生性變量，或為內生性變量，但基本共識就是這些變量對經濟增長都有著或多或少的影響。就生育率來講，其在人口統計學中是最基礎性的變量，在諸多人口統計學的變量群中居於核心的地位。生育率的改變可以循著對人口規模和人口年齡結構的路徑影響相關變量，如人口增長率、人口規模、勞動力數量、人口年齡結構、總撫養比、老年撫養比、少兒撫養比等。當然我們也可以將生育率的變動與人口質量、人口分佈、人口流動等產生聯繫，但這樣的聯繫不是最直接的，因此，本書關於生育率對這些變量的影響不予考慮。正如我們在前面部分所述，人口作為複雜的變量框，諸多變量均可納入經濟增長理論的解釋框架，而這些變量在一定程度上又通過人口經濟綜合變量，即與經濟增長產生聯繫的綜合性變量框，如人口紅利、勞動就業、人口老齡化等，來對經濟增長產生影響（見圖2-1）。這些人口經濟綜合變量來

源於基礎的人口統計學變量，但又與經濟產生了廣泛的聯繫，甚至還引入其他經濟社會變量一起構成了新的變量集合，甚至已經獨立為經濟增長過程中的某一重大命題。但不管怎樣，其內核仍是由低生育率這一變量所導向的①。

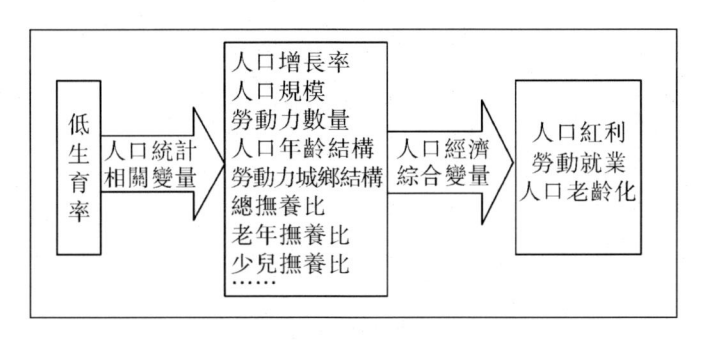

圖 2-1 低生育率對人口經濟綜合變量的作用機制

放在中國的現實環境裡來講，人口紅利是在 20 世紀 70 年代以來生育率下降，人口轉變完成的過程中所形成的。勞動就業會因生育率的變動而變動，曾經較高的生育率導致現今勞動人口的增多與就業壓力的增大。低生育率會導致未來勞動力的逐漸短缺，進一步地，放在當前中國二元經濟的國情下，我們將其直接表述為劉易斯轉折點的問題。而人口老齡化則主要是由生育率下降所導致的，並產生了相應的社會經濟後果。正是循著這樣的邏輯，筆者在思考低生育水準及其對經濟增長的影響時，從生育率出發，主要圍繞人口數量、勞動力數量、人口年齡結構、勞動力城鄉結構、人口紅利、劉易斯轉折點、人口老齡化等來展開，對其他的人口質量、人口城市化、人口產業結構等內容則簡略或只在必須

---

① 本書認為，由於人口變量是一個涉及經濟、社會、資源、環境、宗教、文化等方面的複雜性變量框，泛泛地理解不僅不容易抓到研究的主線，還會因多種變量的錯綜複雜關係而影響到研究的結果。這使得我們在系統思考綜合性、整體性的人口問題及其經濟影響時感覺難以入手。但當我們將思考人口的視角匯於某一點的時候，往往能得出較為清晰的答案。固然，這樣的答案可能忽視了其他的變量而使得結果不夠全面、不夠系統，但這也是在研究人口問題上不得不做出的選擇。因此，在思考生育率對經濟增長的影響時，我們無法將其他間接影響的變量納入到研究的框架中進行討論，但這並不妨礙我們理性思考人口問題及其影響。

涉及的地方提及，不做過多的展開性論述。這也是依據生育率變動影響經濟增長的機制所進行的初步分析。

據此展開生育率對經濟增長的邏輯演繹，如圖2-2所示。

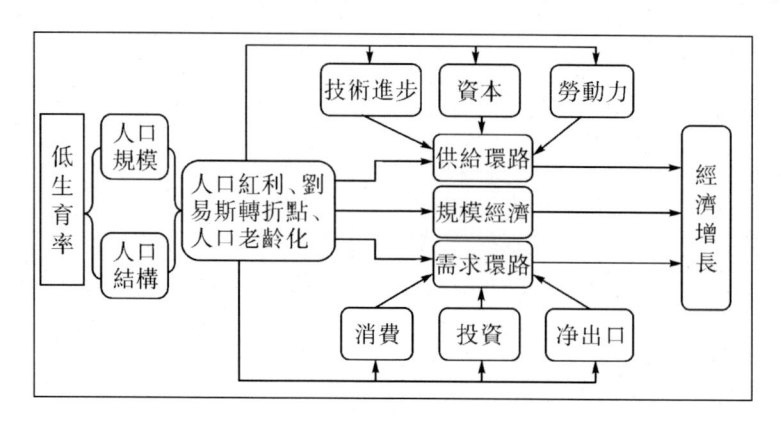

圖2-2 低生育率對經濟增長影響的理論邏輯演繹

根據低生育率對人口經濟綜合變量的作用機制，我們結合人口與經濟增長的理論文獻，進一步分析低生育率對經濟增長的作用機制。如前所述，生育率的降低最終要通過一系列的中間變量，即人口經濟綜合變量，才能作用於經濟增長。而人口紅利、劉易斯轉折點、人口老齡化作為中國生育率下降影響經濟增長的人口經濟綜合變量的最重要反應，其對經濟增長的作用同樣需要通過影響經濟增長的基本單元變量來實現，並從影響經濟增長的勞動力投入、資本的形成與累積、技術進步與創新等路徑來作用，從拉動經濟增長的「三駕馬車」投資、消費、淨出口等方面來影響（見圖2-2）。根據前面的理論分析，筆者從三個角度來理解低生育率對經濟增長影響的理論邏輯。

一是從人口紅利的角度。基於人口紅利的定義，從供給環路來看，人口紅利有利於更多的勞動力投入，更高的勞動力參與率以及更加豐富的資本形成，而深化教育、擴大就業、人力資本策略的收穫人口紅利策略則有助於知識溢出、創新與技術進步。從需求環路來看，高比例的勞動適齡人口有助於消費增強和市場擴大，社會負擔系數較輕使得累積的資本大量用來擴大投資，人口紅利的存在使得國家競爭力加強，比較優勢的充分發揮則有利於

國家在國際貿易占據領先和主動。當然，人口紅利的消解則會造成部分作用機制反向。

二是從劉易斯轉折點角度。二元經濟發展到一定階段時，剩餘勞動力從無限供給到有限剩餘，劉易斯轉折點到來。劉易斯轉折點的一個集中體現是勞動力總體相對短缺，勞動力的邊際生產率提高，工資成本上升，此時經濟發展到一個新階段。由此，從供給環路來看，勞動力的繼續大規模投入會受到限制，由於勞動力成本上升與收入分配的改革訴求，資本的形成與累積則會相對變得緩慢，經濟轉型更加依賴技術創新與進步。從需求環路來看，經濟發展更加側重投資以及投資的回報率，勞動力工資上升會促進消費和消費升級，產業結構升級重要性日益凸顯，而對劉易斯轉折點的清醒認識並及時作出戰略安排，出口同樣會在較長時期內保持競爭力，成為經濟增長源泉。

三是從人口老齡化角度。人口老齡化會導致勞動投入減少，社會負擔系數增加，社會創新活力減退，勞動參與率降低等，從供給環路來看，會對經濟增長產生消極影響。但人口進入老齡化後新的儲蓄動機形成，獲得第二人口紅利，這又有益於經濟增長。從需求環路來看，人口老齡化總體上不利於消費與投資的擴大，但有效的政策和戰略又可以擴大老年消費，以抵消相關負向影響。

當然，大規模的人口和勞動力、人口紅利、比較優勢等使得中國經濟在增長和轉型過程中能獲得相應的規模效應，在資源開發利用、市場拓展、資金累積、全產業鏈經濟佈局、專業化合作分工等事關資源配置和制度紅利方面都會獲得相應的規模經濟效應。

以上是本書的理論邏輯和框架之所在，也是對要進一步展開工作的理論分析和陳述。由此，本書在對中國經濟增長中的人口因素、低生育水準及其與經濟增長關係的背景性研究的基礎上，緊緊圍繞著人口紅利、劉易斯轉折點、人口老齡化對中國經濟增長的可持續性影響方面詳細展開論述，並以此構成本書的三大研究視角和主體內容。

3 新古典增長框架下中國經濟增長的人口因素貢獻

對於經濟增長這樣一個有著重大現實意義的研究主題而言，忽視人口因素的影響必然會造成其理論價值的缺失。正如上章所述，自從古典經濟學家把人口增長與經濟增長的關係作為一個問題提出以來，西方學者對此進行了廣泛而持久的研究。由於研究角度、涉及範圍和理論基礎等各不相同，因此形成了人口增長與經濟增長關係悲觀、樂觀、中性等觀點和理論。無論是後來索洛奠基的新古典增長理論，還是自20世紀80年代中期興起並延續至今的內生增長理論或新增長理論，人口因素獲得相應的研究但相對而言重視不夠。當後來將研究視角轉移到人口年齡結構與經濟增長時，對人口與經濟增長關係的研究才有了突破。近年來，很多經濟學和人口學學者都對人口因素對經濟增長的影響進行了研究，定性或定量地探討了人口增長、人口素質、人口轉變、人口結構變動、人口遷移流動與經濟增長的關係和影響。但準確地說，由於人口變量是一個涉及經濟、社會、資源、環境、宗教、文化等方面的複雜性變量框，人口因素所涉及的各個方面讓學者在研究其對經濟增長的影響時感到難以下手，並受制於各種方法的適用性和人口因素的複雜性，尤其難以得出準確的、沒有爭議的結論，這甚至在一定程度上超出經濟學的範疇。但這也不會妨礙我們關於人口因素對經濟增長影響的探討，在一定的框架和理論下研究人口因素對經濟增長的影響，從理論和實踐價值來看都

具有重要意義，由此產生的相關結論對促進經濟增長的可持續性研究具有較為顯著的意義。

本章首先分析中國人口基本發展狀況，包括中國人口總量、生育死亡、人口質量、人口老齡化以及人口轉變、人口紅利等，然後對人口因素與經濟增長進行相關關係的檢驗和理論分析，在此基礎上建立了計量模型，對中國經濟增長中的人口因素進行分解，並以此來觀察中國經濟增長中的人口因素貢獻。

3.1 對中國人口發展狀況的現實考察

3.1.1 人口總量持續增加與未來勞動力數量快速衰減

長期以來，中國人口增長過快以及這種過快增長對社會經濟發展可能帶來的諸多負面影響，一直是人們對中國人口問題關注的重點。自20世紀70年代全面推行計劃生育以來，中國生育水準迅速降低，在30年的時間內完成了人口再生產類型由「高出生率、低死亡率、高增長率」向「低出生率、低死亡率、低增長率」的歷史性轉變（見圖3-1）；總和生育率從20世紀70年代初的5.8下降到目前的較低水準[1]，低於更替水準，已經邁入低生育水準國家行列；總人口從1978年的9.63億人增長到2008年的13.28億人，自然增長率從1978年的12‰下降到2008年的5.08‰，並呈現逐漸穩定的態勢。根據國家人口發展戰略研究報告的說法，中國人口在未來30年還將淨增2億人左右，而中國的總和生育率在20世紀90年代中後期已經降到1.8左右，並穩定至今[2]。可以說，在過去的半個世紀中，中國經歷了一個從典型的高生育率到低生育率的變化過程，這種轉變是在行政政策和經

---

[1] 國家人口發展戰略研究課題組. 國家人口發展戰略研究報告 [J]. 人口研究, 2007 (1).

[2] 引自國家人口發展戰略研究課題組. 國家人口發展戰略研究報告 [J]. 人口研究, 2007 (1). 另外，官方認為中國目前的總和生育率為1.8，且穩定至今，對此學術界是存在爭議的，而關於中國真實生育水準具體數值及爭議在本章後續部分還將另行探討。

濟社會發展的動力機制共同作用下完成的。

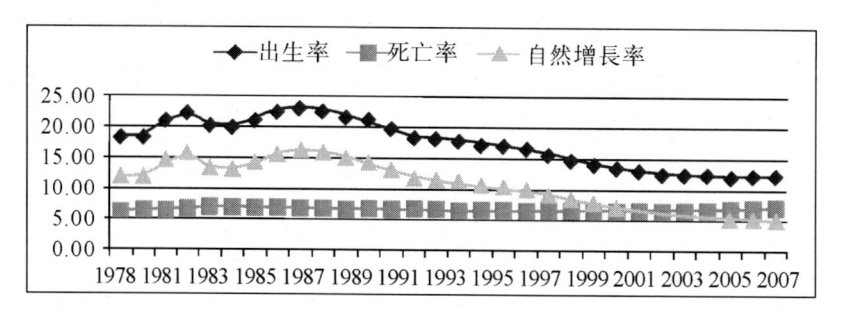

圖3-1 中國人口出生率、死亡率與自然增長率變動狀況（單位：‰）
資料來源：中國統計年鑒（2009）

國家人口發展戰略研究課題組還對未來人口總量進行了預測，2020年的總人口將達到14.5億，於2033年前後達到峰值15億左右（見圖3-2）；勞動年齡人口規模較大，勞動年齡人口規模在2000年為8.6億，而2016年將達到高峰10.1億[①]。不管採用總和生育率為多少的預測方案，目前中國總人口仍呈現上升的態勢，這是中國目前的人口現實。但也應該看到，即便在總和生育率為1.8的預測方案下，未來勞動力數量在達到高峰之後會快速衰減。另外一個預測結果表明[②]，在未來2015年左右達到了近10億人的高峰後，勞動年齡人口將快速衰減，到2050年僅為7.4億人，未來勞動力快速衰減將給中國經濟帶來隱患，在當前的生育水準下，這是我們應該認清的一個基本人口態勢。

---

① 這一預測是根據總和生育率為1.8進行的。引自國家人口發展戰略研究課題組. 國家人口發展戰略研究報告 [J]. 人口研究, 2007 (1).
② 該方案採用的是總和生育率為1.5，引自田雪原. 21世紀中國人口發展戰略 [M]. 北京：社會科學文獻出版社, 2007.

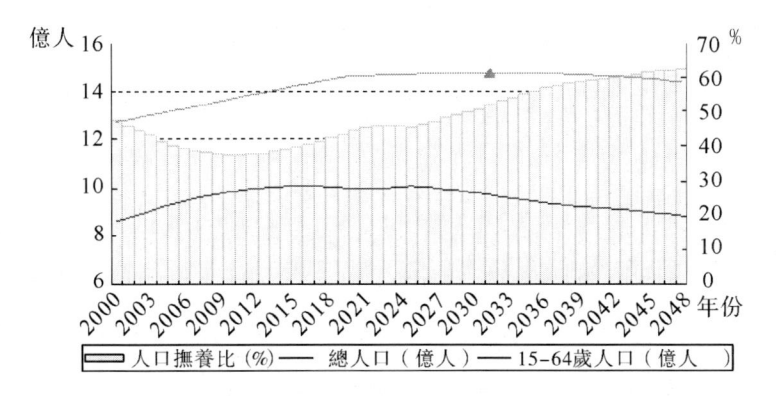

图 3-2　中國總人口、勞動年齡人口及總撫養比預測

資料來源：國家人口發展戰略研究課題組. 國家人口發展戰略研究報告 [J]. 人口研究, 2007 (1).

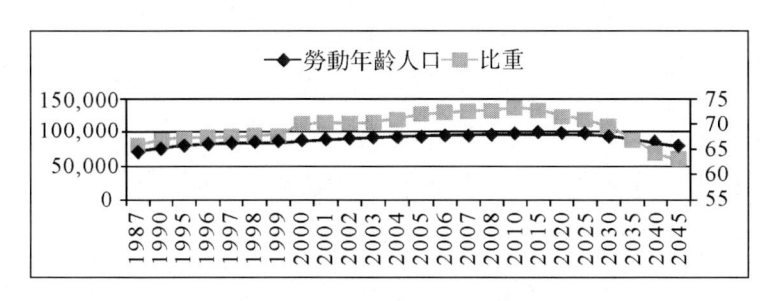

圖 3-3　中國 1987—2050 年勞動年齡人口變動狀況

資料來源：1987-2008 年數據來源於《中國統計年鑒》(2009)，其他預測數據來源於田雪原. 21 世紀中國人口發展戰略 [M]. 北京：社會科學文獻出版社, 2007.

3.1.2　人口質量提升與人力資本存量增加

努力提高人口質量，實現由人口和人力資源大國向人力資本強國的轉變，是 21 世紀中國人口發展戰略和國家戰略的重要組成部分，也是一個國家競爭力的根本所在。人力資本理論認為，現代經濟增長更加依賴於人的知識、能力、健康等因素的提高，人口質量、受教育程度與人力資本存量對於區域經濟社會的發展有著至關重要的作用。改革開放以來，中國人口質量有了極大改善。這主要表現在三個方面。一是嬰兒死亡率持續下降，人均預期壽命顯著提高。歷次人口普查數據顯示，嬰兒死亡率從 1981 年的 37.6‰ 下降到 2010 年的 13.1‰，平均預期壽命從 1981 年的 67.8

歲上升到 2010 年的 74.83 歲①。中國人口平均預期壽命高於世界平均水準（67 歲），明顯高於發展中國家（65 歲）。二是人均受教育年限大幅增加，勞動力素質整體提升。政府對教育的投入大量增加以及社會經濟的發展對人才的需求加大，是人口受教育水準顯著提高的重要原因，而人口文化素質的提高又提升了整體勞動力素質。數據表明，中國 6 歲及以上人口平均受教育年限從 1982 年的 5.2 年提高到了 2008 年的 8.5 年，提高了 3.3 年②。三是受高等教育的人口比重大幅上升，專業技術人員大量湧現。2008 年年底，中國總人口中具有高中教育程度的人口占 13.7%，比 1982 年的 6.6% 增加了 6.0 個百分點；具有大專及以上教育程度的人口占 6.7%，比 1982 年的 0.6% 增加了 6.1 個百分點；各類專業技術人員大量湧現，2008 年國有企事業單位專業技術人員達到 2,310 萬人，占總人口比重達到 17.39%③。但是，中國仍然面臨著人口質量提高的重要任務，未來經濟增長仍需要大量的高素質勞動者和豐富的人力資本。協調人口與發展的關係，保持經濟增長的可持續性，一個重要的考慮就是要設法提高和改善人口質量。

3.1.3 人口紅利續存與未來人口紅利消解

人口轉變使得中國從 20 世紀 60 年代中期開始享受人口紅利。改革開放以來，總撫養比下降對中國儲蓄率的貢獻率大約在 7.5%，對中國經濟增長的貢獻為 1/4。考慮到未來 15 年左右的人口紅利，人口轉變對經濟長期增長的貢獻將在 1/3 左右④。根據蔡昉的預測，中國總人口撫養比將進一步下降，從 2000 年的 42.6% 下降到 2015 年的 39.4%，即下降 3.2 個百分點，帶來經濟

---

① 數據來源於中國歷次人口普查數據。
② 數據來源於歷年中國統計年鑒。
③ 數據來源於歷年中國統計年鑒。
④ 王德文，蔡昉，張學輝. 人口轉變的儲蓄效應與增長效應 [J]. 人口研究，2004 (5).

增長率上升 0.4%。這個階段大約持續到 2015 年前後①。但人口紅利絕不是永久性的增長源泉，這種特殊的增長源泉終要消解殆盡，此後隨著人口老齡化速度上升，人口撫養比繼續增高，人口轉變對經濟增長的貢獻將由人口紅利階段轉為人口負債階段②，人口紅利的消解將給中國經濟長期增長帶來一定程度的負面影響。由此，現階段充分挖掘人口轉變的潛在貢獻並積極收穫人口紅利，是保持中國經濟增長可持續性的重要策略。

3.1.4 人口老齡化加劇

中國特定的計劃生育政策干預下的人口加速轉變，使中國成為人口老齡化速度較快的國家，也是世界上老年人口最多的國家。老年撫養比增加導致了人口紅利存續時期的縮短和勞動力資源的減少和匱乏，「未富先老」的不對稱現象更是對中國經濟增長可持續性構成直接的挑戰。除了「未富先老」的基本國情，中國人口老齡化還有一個主要特點，那就是人口老齡化的速度比較快，達到的水準比較高。國際標準認為，一個國家 60 歲及以上老人占 10%，或 65 歲及以上老人占全部人口的 7%，表明該國已進入老年型國家。中國 65 歲及以上老年人口占總人口的比重在 2010 年達到 8.87%，總量近 1.2 億。發達國家需要用上百年時間達到的人口老齡化，中國則只用了短短幾十年。未來隨著生育水準持續走低，新生人口減少，中國人口老齡化進程還將加快，將對中國社會經濟的發展將產生深遠的影響。

3.2 人口因素與經濟增長相關關係的理論分析

簡單來說，人口規模決定了勞動力的供給水準，人口素質影

---

① 蔡昉. 中國人口與勞動問題報告——人口轉變的經濟社會後果 [M]. 北京：社會科學文獻出版社，2006.

② 陳友華. 人口紅利與人口負債：數量界定、經驗觀察與理論思考 [J]. 人口研究，2005（6）.

響勞動生產率，人口結構與經濟的協調是實現經濟增長可持續的必要條件。因此，人口諸要素均與經濟發展密切相關。在分析人口因素與經濟發展水準相關程度方面，可採用線性迴歸方法與相關係數進行粗略判斷，並依據相關理論進行解釋。迴歸模型為 Y = a + bX，Y 為代表經濟發展水準的因變量，X 為代表人口因素的自變量，其係數 b 表示自變量 1 個單位的變化引起因變量的變化量和變化方向。相關係數一般用 R 表示，|R| = 0，完全不相關，|R| = 1，完全相關。相關關係主要分析 R 在 0 到 1 之間的情況。根據大小分為以下幾種分類：0 < |R| ≤ 0.3，不相關；0.3 < |R| ≤ 0.5，低度相關；0.5 < |R| ≤ 0.8，中度相關；0.8 < |R| < 1，高度相關。

在變量的指標選擇方面，以人均國內生產總值 GDP（Y）代表經濟水準，以人口增長率（X1）代表人口數量，以人均受教育年限（X2）代表人口素質，以老年人口比例（X3）代表人口年齡結構，以人口城市化率（X4）代表人口的城鄉結構，以非農產業就業比重（X5）代表人口的就業結構。具體數值如表 3-1 所示：

表 3-1　中國人均 GDP 與人口增長、素質和結構的部分指標（1990—2008 年）

年份	人均GDP Y(元)	人口增長率 X1(‰)	受教育年限 X2(年)	老年人口比例 X3(%)	人口城市化率 X4(%)	非農產業就業比重 X5(%)
1990	1,644.00	14.39	6.88	6.20	26.41	39.90
1991	1,892.76	12.98	6.90	6.24	26.94	40.30
1992	2,311.09	11.60	6.92	6.28	27.46	41.50
1993	2,998.36	11.45	7.06	6.32	27.99	43.60
1994	4,044.00	11.21	7.21	6.36	28.51	45.70
1995	5,045.73	10.55	7.20	6.40	29.04	47.80
1996	5,845.89	10.42	7.26	6.41	30.48	49.50
1997	6,420.18	10.06	7.43	6.54	31.91	50.10
1998	6,796.03	9.14	7.50	6.70	33.35	50.20
1999	7,158.50	8.18	7.58	6.90	34.78	49.90

表3-1(續)

年份	人均GDP Y(元)	人口增長率 X1(‰)	受教育年限 X2(年)	老年人口比例 X3(%)	人口城市化率 X4(%)	非農產業就業比重 X5(%)
2000	7,857.68	7.58	7.91	6.96	36.22	50.00
2001	8,621.71	6.95	7.98	7.10	37.66	50.00
2002	9,398.05	6.45	8.04	7.30	39.09	50.00
2003	10,541.97	6.01	8.20	7.50	40.53	50.90
2004	12,335.58	5.87	8.29	7.60	41.76	53.10
2005	14,053.00	5.89	8.14	7.70	42.99	55.20
2006	16,165.00	5.28	8.36	7.90	43.90	57.38
2007	19,524.10	5.17	8.43	8.10	44.94	59.16
2008	22,698.00	5.08	8.50	8.30	45.68	60.44

資料來源：人均GDP、人口增長率、人口城市化率、老年人口比例和非農產業就業比重來自相應年份的《中國統計年鑒》；平均受教育程度根據《中國人口統計年鑒》相應年份相關數據計算而得。

運用Eviews 3.1對表3-1數據進行人均GDP與人口增長率、人均GDP與人均受教育年限、人均GDP與勞動適齡人口比例、人均GDP與人口城市化、人均GDP與非農產業就業比重的相關係數分析，結果如表3-2所示：

表3-2　　　中國人口因素與經濟發展相關關係分析結果

相關係數(R)	人口增長率	人均受教育年限	老年人口比例	人口城市化率	非農產業就業比重
人均GDP	-0.8846	0.9208	0.9725	0.9466	0.9533

據此可得出相關判斷與解釋。

3.2.1　人口數量與經濟增長協調發展

人口增長對經濟而言，一方面能通過刺激社會總需求，產生明顯的人口「推動力」，從而促進經濟的增長和技術進步，對經濟發展產生促進作用；另一方面，人口增長，特別是人口過快增長，將阻礙經濟的發展，尤其是阻礙人均收入的提高。因此，不

同人口規模和經濟發展的不同階段背景下，人口數量與經濟發展表現出不同的相關關係。根據迴歸結果，對中國而言，在1990年到2008年期間，代表人口數量的人口增長率與代表經濟水準的人均GDP呈高度負相關關係，這一關係是由二者的基本數量關係所決定的。從經濟學角度來講，在低收入階段，由於完善的社會保障體系缺乏，人們主要依賴於「養子防老」，而收入水準的提高會降低「養子防老」的必要性，從養老的需要角度出發，人口增長率與人均GDP呈負相關；而在高收入階段，父母參與勞動的機會成本高，養育孩子的機會成本與人均GDP成正比，從生育孩子的機會成本角度來看，人口增長率與人均GDP呈負相關。

但我們是否能說人口增長率越低越有利於提高人均GDP呢？顯然，我們不能限於數學式的理解陷阱，這一基本關係並沒有回答人口規模對於經濟總體規模的正向影響，片面地解讀人均水準沒有任何意義，我們更應該看到人口規模的增加帶來的勞動力供給增加、儲蓄率的增長等方面對於經濟增長的正向影響。因此，代表人口數量的人口增長率與代表經濟水準的人均GDP呈高度負相關關係的這一迴歸結果，可以表明相應的人口規模與經濟發展相作用的路徑和理論。即在短缺經濟時代，人口基數大與人口增長更容易被視為經濟增長累贅，不利於資金累積，勞動力的資源與資本屬性沒有得到體現；而當經濟發展處於起飛階段，勞動力資源的價值利用與人力資本化則會為經濟增長提供持續的動力，儲蓄率的提高等也為人口與經濟增長提供有利的條件。其實這也是對中國跳出「馬爾薩斯陷阱」的一種回答。當然，為了更好地考察人口增長與經濟增長之間的關係，我們也可以用人口數量與GDP進行相關分析，分析的結果表明其相關係數為0.9052，這說明了人口數量與GDP之間是存在正相關關係的。更進一步地，我們還可以採用人口增長率與經濟增長率之間的協調度來進行說明。國際通常用經濟增長對人口增長的彈性係數，即經濟增長率與人口增長率之比來評判人口與經濟發展之間的協調度。一般認為，人口經濟增長彈性係數小於或者等於1為社會經濟發展停滯級，1~4.9為社會經濟發展漸進級，5以上為社會經濟發展協調級。

通過計算，中國人口經濟增長彈性系數如表 3-3 所示：

表 3-3　　中國 2000—2008 年經濟增長對人口增長的彈性系數

	GDP 增長率 %	人口自然增長率 %	彈性系數	人均 GDP(元)
1990	3.8	14.39	0.26	1 644.00
1991	9.2	12.98	0.71	1,892.76
1992	14.2	11.60	1.22	2,311.09
1993	13.5	11.45	1.18	2,998.36
1994	12.6	11.21	1.12	4,044.00
1995	10.5	10.55	1.00	5,045.73
1996	9.6	10.42	0.92	5,845.89
1997	8.8	10.06	0.87	6,420.18
1998	7.8	9.14	0.85	6,796.03
1999	7.1	8.18	0.87	7,158.50
2000	8.0	7.58	1.06	7,857.68
2001	7.5	6.95	1.08	8,621.71
2002	8.3	6.45	1.29	9,398.05
2003	9.5	6.01	1.58	10,541.97
2004	10.1	5.87	1.72	12,335.58
2005	10.4	5.89	1.77	14,053.00
2006	11.6	5.28	2.20	16,165.00
2007	13.00	5.17	2.51	19,524.10
2008	9.00	5.08	1.77	22,698.00

資料來源：GDP 增長率、人均 GDP 與人口自然增長率數據來自中國統計年鑒 (2009)，彈性系數為筆者計算。

　　由表 3-3 可以看出，中國近十年人口經濟增長彈性系數逐漸增大，人口規模與經濟增長總體上處於經濟發展漸進級階段。因此，我們考察人口數量與經濟增長的關係時便不能孤立、片面地看待，而要看二者之間發展的總體關係和發展趨勢。應該說人口數量的增多不利於人均 GDP 的提高，這是由二者之間基本數量關係所決定的，但整體上人口數量與經濟增長是呈現協調發展關係的。基於未來發展的視角，進入一定階段後，應更多地從人口年齡結構、撫養比的角度來考察人口數量與經濟增長的關係。

3.2.2 人口質量與經濟發展正相關

經濟發展狀況決定了人口質量的狀況，發展經濟才能促進人口質量的提高；同時，人口質量狀況反作用於經濟發展狀況，人口質量和勞動力人口質量的變化對經濟活動中的生產、交換、分配以及消費等方面都起著普遍促進的作用。中國 1990 年到 2008 年人均 GDP 和人口文化素質的相關程度分析亦證明了這一點。

在這一時期，中國人均 GDP 與人均受教育年限的相關係數為 0.9208，呈高度正相關關係。中國人口受教育水準從 1990 年的 6.88 年提高到 2008 年的 8.5 年，雖然仍處於較低水準，但在人口素質提高的初期，這對經濟增長的作用十分明顯。有研究也表明①，在不同層次的教育中，初等教育對經濟增長的彈性最大。

3.1.3 人口結構與經濟發展正相關

近年來，中國人口結構問題日益突出，因此，在研究人口與經濟的關係時，不僅應該研究人口規模、素質與經濟的關係，還應該研究人口結構與經濟發展的關係。人口結構與經濟發展相協調時，將加速經濟發展；反之，將阻礙經濟發展。

其一，人口年齡結構與經濟發展呈高度正相關關係。1990 年到 2008 年期間，中國老年人口比例與人均 GDP 的相關係數為 0.972,5，二者呈現高度正相關關係。這一迴歸結果看似表明人口老齡化並不對宏觀經濟產生負面影響，其實不然。究其原因是相關係數的計量不能揭示二者之間的深刻內涵，只能進行表層觀察。這一時期由於生育水準的下降與老齡化上升同軌，人口老齡化與經濟發展這兩個過程都是在中國收穫人口紅利的時期同時發生的，因此我們不能說人口老齡化有益於經濟增長的實現，這只是在特定階段的特定現象。另外，人口老齡化與經濟發展的關係同人口規模與經濟發展的關係相一致，同樣受制於人口老齡化的水準和經濟發展的階段。根據上述計算結果，雖然中國於 2000 年後進入

---

① 丁越蘭，張偉琴，張磊. 不同層次人力資本投資對中國經濟增長貢獻的實證研究 [J]. 電子科技大學學報（社科版），2007 (6).

了老齡化社會，但在1990年到2008年期間，中國人口老齡化更多地屬於由出生人口減少導致老年人口相對比例上升的底部老齡化階段，此階段的老年人口以低齡老人為主，低齡老人與高齡老人相比，對經濟社會造成的負擔更小。同時，勞動適齡人口比重在66.74%~72.7%之間，勞動力供給比較充足，並未因為老齡化程度的加深而影響勞動供給，經濟得以快速發展。但隨著勞動力供給減少，底部老齡化階段向頂部老齡化階段轉變，高齡老人比重增加和經濟發展階段變化，人口老齡化將成為經濟發展的阻力。

其二，人口城鄉結構與經濟發展呈高度正相關關係。同期，代表人口城鄉結構的人口城市化率與人均GDP的相關係數為0.9466，呈高度正相關關係。中國人口城市化水準自2000年以來進入快速發展階段，也是趨向集中的城市化階段，該階段的突出特徵是中心城市人口和經濟迅速增長，二者相關性較高。這一迴歸結果也表明：促進經濟的發展，應該大力推進中國人口城市化進程；而推進中國人口城市化進程，又必須放鬆農民工進城的制度約束，實現真正的轉移。

其三，人口就業結構與經濟發展呈高度正相關關係。代表人口就業結構的非農產業就業比重與人均GDP的相關係數為0.9533，表明二者呈高度正相關關係。城市化發展將推動非農就業比重的提升，非農就業比重的提升又可加速城市化進程，二者表現出高度一致性。中國人口城市化發展和非農產業就業比重的變動也證明了這一點，人口城市化發展從2000年進入加速發展階段，非農產業就業比重在2008年達到60%。因此，當人口城市化與經濟發展呈現高度正相關時，非農產業就業比重與經濟發展也呈現高度正相關關係。

綜上，在1990年到2008年期間，中國的人口因素中，人口規模、人口素質、人口年齡結構、人口城鄉結構和人口就業結構與經濟增長呈現高度的相關關係。由此，在1990年到2008年期間，中國人口與經濟增長高度相關，可認為人口因素對經濟增長做出了明顯的貢獻。

3.3　中國經濟增長中人口因素定量研究

　　為了對中國經濟增長的人口因素貢獻給出一個比較一致化的實證結果，筆者嘗試對中國改革開放以來經濟增長的人口因素貢獻作一個分解。一般而言，產出增長是增加要素投入以及技術改進導致的生產率提高和生產能力更強的勞動者創造的，依據傳統經濟增長理論，經濟增長主要取決於資本（K）和勞動（L）。一般而言，經濟增長的函數形式為：

$$Y = F(K, L)$$

其中，Y 為實際產出，K 為資本，L 為勞動。這是一種較為簡單的函數形式。需要指出的是，經濟增長理論在不斷地發展，在此基礎上已經將人力資本水準、技術水準、勞動力資源配置、經濟結構等都納入到模型之中，其理論形式也經歷了傳統增長理論、新古典經濟增長理論、內生增長理論、新經濟增長理論、增長理論模型亦是不斷更新和發展。當然，依據不同的理論，考慮不同的模型，引入不同的變量，其目的均是為了更好地對經濟增長作出解釋，而各種解釋結果也不盡相同，但總的結論是一致的。考慮到中國經濟發展的現實以及數據的獲得，在比對各種計量經濟方法和模型後，結合諸多模型優劣，最後確定運用新古典增長理論的解釋，這可以明確有力地解釋中國經濟增長中的人口因素貢獻。

　　由此，中國經濟增長的函數形式為：

$$Y_i = F(K_i, L_i) \quad i = 1, 2, 3, \cdots, n$$

其中，Y_i 是中國在 i 年的實際產出，即實際的 GDP；K_i 是在 i 年的物質資本存量；L_i 是在 i 年的勞動力投入量。假設生產技術相同，但技術條件的利用程度和投入要素的質量及產出的質量均存在著差異，我們可以通過建立標準生產函數的形式來對其進行分析。標準生產函數的柯布—道格拉斯形式如下：

$$Y_i = AL_i^\alpha K_i^\beta$$

其中，A 為基期技術水準，α 為勞動的產出彈性，β 為資本的產出彈性。α 與 β 之和大於 1 時，為規模經濟遞增；小於 1 時，為規模經濟遞減；等於 1 時，則為規模經濟不變。

值得指出的是，作為經濟增長投入要素的勞動力對經濟增長的作用表現為兩個方面，一是通過人口增長使勞動力數量增加以適應經濟增長的需要，二是通過人口質量的提高使勞動生產率提高從而促進經濟增長。因此，將生產函數中勞動力的投入量表示為：

$$L = lE$$

其中，L 表示勞動投入；l 表示投入的勞動力數量，用年底就業人口數表示；E 表示蘊含在勞動力人口身上的人力資本存量，用受教育程度加以表示。因此，可將一般的生產函數改寫為：

$$Y_i = A(L_i E_i)^\alpha (K_i)^\beta$$

對改寫的生產函數兩邊取對數，進行線性處理以消除異方差，並得出估計模型：

$$\ln Y_i = \ln A + \alpha \ln L_i + \alpha \ln E_i + \beta \ln K_i + \mu_t$$

我們選取的變量及相應的數據包括：①實際國內生產總值，1990 年為基期數據，並用平減指數消除價格因素的影響；②物質資本，我們採用了固定資產投資總額，並用平減指數來消除價格因素的影響；③附加人力資本的勞動，勞動力數量採取了全社會年底從業人員數，而人力資本含量則採用了平均受教育年限。相關數據來自中國統計年鑒。

最後，我們得出以下迴歸結果：

$$\ln Y = 1.4986(\ln L + \ln E) + 0.3598 \ln K - 30.5284$$
$$t = (8.5238) \qquad (8.6345) \quad (-7.6018)$$
$$R^2 = 0.9969 \qquad F = 2612.9$$

從迴歸結果來看，均在 1% 的顯著水準下通過了檢驗，模型擬合優度較好。根據估計結果，我們可以依據索洛模型所提出來的增長核算方法，進一步得出勞動力、物質資本、人力資本與技

術進步在1990—2008年對中國經濟增長的貢獻（見表3-4）。在中國經濟增長的四個增長源泉中，資本的貢獻最大，勞動力數量、人力資本含量和全要素生產率（TFP）次之，勞動力數量的增長的貢獻還較少，而人力資本的貢獻則要超出數量增長的貢獻，未被解釋的部分可能包括勞動力資源配置、制度紅利、技術進步等，本書沒有予以深入討論。雖然改革開放以來的中國經濟增長中，傳統物質資本的要素投入的貢獻遠大於勞動力、人力資本和全要素生產率的貢獻，但未來隨著資本邊際報酬遞減規律的作用，勞動力、人力資本及技術進步的增長貢獻具有巨大的潛力。

表3-4　　　　　　中國經濟增長源泉（1990—2008年）

	對增長率的貢獻（百分點）	貢獻份額（%）
國內生產總值	9.6	100
物質資本	4.54	54.69
附加人力資本的勞動	2.81	31.67
勞動力數量	0.92	14.55
人力資本含量	1.89	17.12
未被解釋的部分	2.25	13.64

研究結果認同經濟增長的首要因素為物質資本投入，但勞動力數量和人力資本的貢獻還值得引起進一步的重視。計劃生育的實施使得人口壓迫生產力的狀況大大得到了緩解，勞動力數量的增長對經濟增長的影響表現為正向作用，中國勞動密集型產業的發展，加之外出務工人員的遷徙流動緩解了對生產力的壓迫，進一步強化了充足勞動力資源對經濟發展的作用。這是我們對中國經濟增長中勞動貢獻的基本解讀。

總的說來，研究中國經濟增長中的人口因素是為了進一步闡述中國經濟增長的人口因素。經濟增長模型中的勞動力數量與人力資本存量均與人口發展中的數量、質量因素密切相關。研究中國經濟增長中的人口因素，不能孤立地從人口統計學變量的角度去看待，還要密切聯繫與人口變量密切相關的內容。此生產函數形式所推導出的貢獻測度亦是涉及人口因素的人口數量、人口質

量的經濟增長效應的必然體現。進一步的解讀有以下幾個方面：其一，計劃生育的實施控制了大量人口的出生，使得人口總量較少，減少了更多財富消費，從而緩解了人口對生產力的壓迫，促成了大量充足勞動力所創造的增長效應的實現。其二，隨著改革開放的推進，諸多制度約束的消退，改革的制度紅利顯現，促使中國經濟增長中需要更多的大量的勞動力投入，加之中國經濟增長的產業選擇，相對較輕的負擔系數，使得勞動力的增長效應更為明顯。其三，勞動力投入的增長彈性系數較高說明了未來中國經濟增長仍需要大量的勞動力投入，而就業人口與勞動力資源的數量差距，要求我們要以擴大就業為基本導向，保持經濟增長的可持續性。其四，人力資本理論範疇的人口質量是經濟增長的主要源泉，這一點大量研究已經充分表明，對此不再贅述。需要說明的是，未來中國經濟增長還要更多依賴於人口質量的改善以及人力資本的提高，因此，人口工作要更多地注重提高人口質量，關於孩子數量與質量的替代效應理論對此有充分說明。其五，由於人口發展的強大慣性，保持合理的人口數量與提高人口質量的工作目標取向亦需要提前佈局，未雨綢繆。密切關注未來人口結構的變化，通過合理調整人口政策，加大教育投入和健康投入，乃是未來中國人口為經濟平穩較快增長必須要做出的貢獻。

3.4 小結

本章研究表明，中國人口的積極因素與消極因素並存，這包括勞動力供給總量較大但未來存在快速衰減風險，人口質量提高和人力資本存量較大，人口紅利保持但未來會逐步消解，老齡化風險在逐漸積聚。就目前看來，人口因素與經濟發展保持著較為良性的關係，人口總量、人口質量、人口結構與經濟發展均完全相關，呈現協調發展態勢。對經濟增長的人口因素的定量研究表明，人口因素為經濟增長做出了重要貢獻。但未雨綢繆，密切關

注人口因素與經濟增長關係，積極收穫當前的人口對經濟增長的貢獻，提前管控未來人口變動可能對經濟增長造成的風險，尤其是通過保持合理的人口數量，密切關注未來人口結構的變化，加大教育投入和健康投入，乃是未來中國人口為經濟平穩較快增長必須要做出的貢獻。本章的研究是根據人口與經濟增長理論脈絡的研究，在新古典增長理論的框架裡對經濟增長中的人口因素的規範與實證的研究，為進一步深入展開低生育水準下經濟增長的可持續性研究打下了基礎。

4

低生育水準及其與經濟增長長期關係的現實考察

研究低生育水準下中國經濟增長的可持續性，首先必須要回答一系列問題。目前中國的生育水準究竟是高是低？怎樣理解中國低生育水準的形成？國際上低生育水準的現實如何？從何種角度來觀察總和生育率對經濟增長的影響？本書正是循著這些問題來展開分析和研究。

4.1 關於中國低生育水準的討論

目前，中國人口與計劃生育領域及社會各界都已經普遍使用了「低生育水準」這樣一個概念，認為中國的生育水準已經處於更替水準之下。中國在計劃生育政策與經濟社會發展的雙重作用下，生育率已經降至低生育水準階段。國家人口與計劃生育委員會官方數據顯示，中國的總和生育率在 1.8 左右，但這一生育水準是存在較大爭議的。

中國生育水準的高峰期在 20 世紀 60 年代，總和生育率處於 6 以上，這意味著當時每個育齡婦女要生育 6 個以上的孩子。從當時的人口增長與國民經濟社會發展來看，控制人口勢在必行，由此在 70 年代以來，中國展開了全面的計劃生育工作。計劃生育工作的展開收到了巨大的成效，70 年代中國生育率急遽下降，總

和生育率從 1970 年的 5.81 快速下降到 1980 年的 2.20，80 年代則大致穩定在更替生育水準之上（見圖 4-1）。

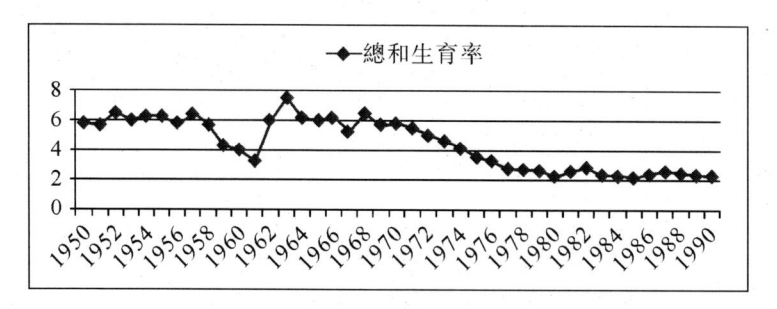

圖 4-1　中國生育率快速轉變過程（1950-1990）

資料來源：引自人民日報，http://web.peopledaily.com.cn/population/newfiles/a1070.html 2008-3-3.

中國生育率的進一步轉變與有關數據爭議發生在 20 世紀 90 年代。1990 年全國第四次人口普查的總和生育率為 2.31，還明顯高於更替生育水準。但隨後的 1992 年國家計生委組織進行的中國生育率抽樣調查（也稱 38 萬人調查）獲得的總和生育率卻只有 1.57[①]。學界一時難以認同，紛紛進行質疑，並認為出生漏報是統計數據較低的主要原因。爭議持續存在，1995 年的全國 1% 人口抽樣調查的結果繼續表明生育率較低，農村育齡婦女的綜合生育率只有 1.56；到 2000 年第五次全國人口普查數據也僅有 1.22，再到 2005 年的全國 1% 人口抽樣調查數據僅為 1.34，再到 2010 年第六次全國人口普查數據為 1.18。這其中還包括了 1997 年、2001 年的全國人口與生殖健康調查以及 1994 年以來的歷年的全國人口變動抽樣調查。除卻 2006 年的全國人口與計劃生育調查顯示近年來總和生育率回升至 2006 年的 1.87 之外，其他的調查數據都顯示中國的總和生育率處於很低的水準[②]。圖 4-2 為 1990 年

---

① 郝洪生，高凌．1992 年中國生育率抽樣調查的抽樣誤差計算與分析，載於蔣正華主編．1992 年中國生育率抽樣調查論文集 [M]．北京：中國人口出版社，1996．

② 郭志剛．中國的低生育水準及相關人口研究問題 [J]．學海，2010（1）．郭志剛在本文中對此進行了深入了分析，認為該調查樣本遺漏了大量的 30 歲以下未婚年輕婦女，是調查樣本的有偏導致了生育率統計的嚴重偏差，而非生育反彈和回升，因此，此次調查結果不可信。

以來各次全國人口調查的生育率統計和其他估計結果，其結果顯示總和生育率已經處於很低的水準。而國家人口與計劃生育委員會則認為近年來總和生育率為1.8，且將其作為人口計生工作的指導口徑。這一數據，儘管處於更替生育水準之下，但距離各次調查的生育率則高了許多。這也是目前學術界對於真實生育水準的爭議重點所在，即政府指導口徑與人口調查統計結果存在極大差別，這種困惑延續多年並可能導致相關政策制定的不確定性。

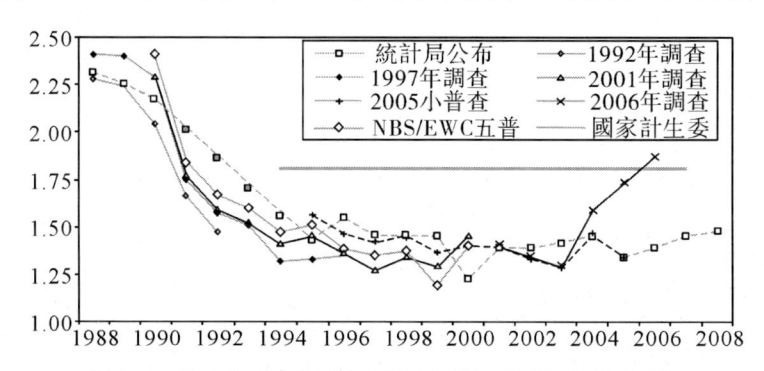

圖4-2, 1990年以來各種來源的全國總和生育率統計或估計

資料來源：轉引自郭志剛. 中國的低生育水準及相關人口研究問題. 學海, 2010 (1).

無疑，弄清總和生育率對於國家人口及經濟社會發展具有極為重要的意義，怎樣的生育水準才是真實的生育水準，人口計生委官方的1.8作為計量口徑到底正確與否，這都值得去深入探究。

學術界其實對於中國生育水準有一系列的討論與重估的研究成果，在此簡略歸納。於學軍[1]（2002）認為1.22的總和生育率低於政策生育率，難以置信，其總和生育率估計結果應在1.6～1.8區間，即比政策生育率要高。王金營[2]（2003）評估了1990年和2000年兩次人口普查的出生率，重新估計了1990—2000年的婦女生育模式，認為1994年以來中國總和生育率一直保持在

---

[1] 於學軍. 對第五次全國人口普查數據中總量和結構的估計 [J]. 人口研究, 2002 (4).

[2] 王金營. 1990～2000年中國生育模式變動及生育水準估計 [J]. 中國人口科學, 2003 (4).

1.72~1.76 之間。袁建華等①（2003）在對不同調查數據的分析基礎上，重新估計了 1980—2001 年婦女總和生育率，認為 1990 年以前，生育水準保持在較高水準，1990 年以後生育水準接近更替水準後逐漸下降到 2000 年的總和生育率為 1.63 的水準。張為民②（2003）認為 2000 年人口普查 1.8% 的漏報率是準確的，由此重新評估出 2000 年總和生育率應在 1.8 左右。王金營③（2004）認為 2000 年人口普查數據得出的各省的總和生育率過低而不可信，通過出生漏報的分省構造，對 2000 年各省的婦女總和生育率進行評估，得出出生漏報回填後的數據遠遠高於原始數據。郭志剛④⑤（2004）對中國 1990 年代生育水準進行了討論，傾向認同 1990 年代後期，實際總和生育率可能已經處於 1.5 以下，考慮到存在較為顯著的推遲效應，婦女的終身生育率已經處於 1.7 以下。Robert D. Retherford 等⑥（2004）認為中國 2000 年人口普查數據的總和生育率為 1.22 存在明顯漏報，通過親生子女法、胎次遞進比等方法分析中國 20 世紀 90 年代生育率下降的過程，認為 2000 年總和生育率應為 1.58。張青⑦（2006）針對現有人口抽樣數據的特點和缺陷，改進了總和生育率指標，得出總和生育率從 1994—1996 年的 1.8 左右下降到 2001—2004 年的 1.62。翟振武、陳衛⑧（2007）運用教育統計數據來估計 2000 年的人口普查漏報，進而估計 20 世紀 90 年代生育水準，得出 1991 年後生育率降到更替水準以下，20 世紀 90 年代後期的總和生育率在 1.7~1.8

---

① 袁建華，於弘文，李希如，等. 從生育水準估計到未來人口預測 [J]. 中國人口科學，2003（1）.

② 張為民，崔紅艷. 對中國 2000 年人口普查準確性的估計 人口研究 2003（4）.

③ 王金營. 中國省級 2000 年育齡婦女總和生育率評估 [J]. 人口研究，2004（2）.

④ 郭志剛. 對中國 1990 年代生育水準的研究與討論 [J]. 人口研究，2004（2）.

⑤ 郭志剛. 關於中國 1990 年代低生育水準再討論 [J]. 人口研究，2004（4）.

⑥ Robert D. Retherford, Minja Kim Choe, Chen Jiajian, 李希如，崔紅艷. 中國的生育率：到底下降了多少？[J]. 人口研究，2004（4）.

⑦ 張青. 總和生育率的測算及分析 [J]. 中國人口科學 2006（4）.

⑧ 翟振武，陳衛. 1990 年代中國生育水準研究 [J]. 人口研究，2007（1）.

之間。另外，郭志剛等①（2003）還分析了中國的政策生育率，表明在中國占主導地位的是總和生育率為1.3~1.5，最終計算出全國的政策生育率為1.465。還有崔紅豔和張為民②（2002）等推算了人口普查中低年齡組普查漏報情況等，這些沒有具體給出總和生育率水準的文獻就不再一一論及。

從文獻來看，人口學界大致存在兩種觀點，一種認為抽樣調查及普查數據中的漏報嚴重，特別是出生漏報較為嚴重，而由調查數據所得出的總和生育率甚至低於政策生育率，令人難以置信。故運用各種人口間接估計技術對抽樣數據進行分析、回填、重估，或尋找其他途徑數據進行比對研究，進而得出20世紀90年代後半期以來的總和生育率在1.6~1.8區間（如張為民、翟振武、於學軍、王金營等）。一種認可抽樣調查存在漏報率，但對漏報規模的大小，以及相關估計技術結果持保留態度，認為中國總和生育率可能的確如各次調查結果所表明的處在很低的生育水準，通過估計技術抑或生育率下降因素的分析，都認為當前中國的總和生育率已經處於1.5以下，而終身生育水準也應在1.7左右（郭志剛等）。甚至還對第一種觀點中的方法提出了質疑，如用以往的人口變動調查出生統計數據估計只是對當年調整假設的重申而使得系統性偏差加大，用教育統計數據也存在數據缺陷的問題，錯誤地直接運用調查的婦女平均生育子女數來估計總和生育率等③。兩種觀點至今也沒能達成共識，故關於總和生育率的爭論還將繼續，生育數據的混沌的現狀和困境還將繼續下去。

本書同樣無法給出一個清晰明確的總和生育率數據，只能依據自身研究和分析去傾向性地認同某一類觀點。2010年第六次全國人口普查的總和生育率為1.18，表明中國已經是全世界生育水

---

① 郭志剛，張二力，顧寶昌，等. 從政策生育率看中國生育政策的多樣性 [J]. 人口研究，2003（5）.

② 崔紅豔，張為民. 對2000年人口普查人口總數的初步評價 [J]. 人口研究，2002（4）.

③ 詳細解釋參見郭志剛. 中國的低生育水準及相關人口研究問題 [J]. 學海，2010（1）.

準極低的國家。當然，這一數據還有待官方的承認和接受，以及學界對此的進一步論證。期待未來的深入研究，最終形成社會共識。本書認為，不論這樣的爭論還將持續多久，一個基本的現實就是中國確乎已經處在低生育水準的階段上，關於低生育水準的各種現實影響和風險在何種程度上都是存在的，這絲毫不會妨礙我們對於低生育水準及其經濟影響的深入考察。在總和生育率這一關乎國家人口發展戰略的問題上，應該更多地以多次人口調查所證明的生育水準為主，利用人口間接估計技術、教育統計等方法估計出來的數據主要起參考作用，我們必須要承認當前中國處於低生育水準的現實①。

4.2　中國低生育水準形成的影響因素

　　理解低生育水準形成的影響因素，有助於我們弄清低生育水準形成的機制，也有利於未來我們應對低生育水準問題，為促進經濟社會發展向正確的道路邁進尋找政策的著力點和方向。一般而言，低生育水準的形成可以分為人口學因素、社會經濟因素和制度因素。分析人口學因素就是從人口統計學變量，如生育意願、非意願生育等出發進行研究，這些因素是直接影響生育率的，相關理論有邦戈茨（J. Bongaarts）提出的仲介變量理論。社會經濟因素主要從社會經濟發展的諸多方面出發，如生活水準的提高、城市化、社會流動等，這些因素是間接作用於生育率的。所謂制

---

①　各學者基於不同的視角進行了各自的研究，這些研究都極大地補充了我們對於真實生育水準的認識。《市場與人口分析》雜誌在 2005 年就「超低生育率」現象組織學者專家進行過探討，北大中國經濟研究中心也就低生育水準、生育政策調整等召開兩次學術會議，學術界都正在就這一重大問題進行持續的研究與論證，關於其爭論及結論仍將進行下去。相信在未來「六普」數據開發、人口學科發展及公共政策科學民主決策的引導下，對這一問題會形成比較一致的看法。即便各自的學術觀點不同，但一個基本的事實就是學界基本都認同中國已經處於較低的生育水準，也已開始充分認識低生育水準對與中國人口及經濟社會發展的影響。

度因素，主要是從公共政策、制度變遷等方面來考察的，如計劃經濟向市場經濟的轉變、計劃生育政策的實施等，這些因素或直接或間接地作用於生育率。從這些因素出發，系統探討低生育水準的形成是可行且必要。當然，我們還可從人口轉變的模式出發探討低生育水準的形成，並將其分為內生性、外生性以及混合型模式。由於中國低生育水準的形成具有內在的特殊性，需要認真予以分析。

4.2.1 低生育水準形成的制度環境與社會經濟因素

制度環境與社會經濟因素是作為一個整體來進行考慮的，制度環境的變遷會改變相應的社會經濟變量，社會經濟變量的改變又可能會誘致制度環境的改變。因此，在分析中國低生育水準形成的影響因素時，將這二者在邏輯上視為一個整體來進行思考，也可有效避免邏輯上的混亂。制度環境變化的一個重要方面就是中國由計劃經濟體制轉向市場經濟體制，並由此帶來個人選擇、家庭決策等方面的變化。在計劃經濟時代，子女撫養費用大多由集體或國家負擔，且家庭功能弱化，其經濟決策主要由集體或國家完成，家庭對於生育子女的決策往往直接而簡單，子女數量意味著勞動力，而其撫養則又花費甚少，家庭存在生育子女動機。但隨著計劃經濟向市場經濟轉軌，家庭承擔的子女撫養費用越來越高，家庭經濟決策自主與靈活，且在生育、死亡、結婚、居住等人口行為發生了深刻變革。隨著教育成本的提升、免費公共醫療體系的瓦解、生產生活方式的變革等，人們更多傾向於自身的發展與消費，孩子的質量數量替代效應顯現，加之人力資源市場的競爭性加劇，生育子女不再是一個簡單性事件，導致了個人選擇、家庭決策越發複雜化。生育率的降低在所難免。

制度環境變化的第二個方面就是計劃生育政策作為基本國策的確立，從物質與意識雙重層面影響了人們的生育行為，改變了其生育觀念。自 20 世紀 70 年代計劃生育政策確立，到「一孩政

策」實施①，再到現今的計劃生育綜合改革方案，強有力的行政行為迅速地改變了中國生育水準較高的現實。另外，計劃生育工作內容與方法也正在發生重大轉變，就生育政策而言，「一孩政策」在1980年出抬，後又於1984年、1988年對其進行過修正，在大多數農村地區允許有條件地生育二孩。20世紀90年代中期開始，計劃生育政策的執行又從完全依靠行政手段逐漸轉移為強調服務，到現在開始實施計劃生育綜合改革，計劃生育政策也逐漸轉變，各地生育政策呈現複雜的多樣的特徵。依據多樣性的生育政策，有63.1%的中國夫婦只能生育一孩，35.6%的夫婦可以生育二孩，1.3%的夫婦可以生育多孩②。由此亦會帶來較低的生育水準。

　　制度環境變化的第三個方面就是撤銷對流動人口的嚴格控制和逐步放鬆戶籍政策，由此帶來勞動力流動大大增加。城鄉之間的大規模勞動流動除了滿足了中國經濟增長的勞動力需求、刺激了經濟增長之外，人口流動還帶來了一系列具有深遠影響的人口問題，人口流動的深化發展除了帶來夫妻分居、生育水準不穩定、人口管理等問題之外，更深層次的是帶來了對婚姻、工作機會搜尋、個人職業發展、消費文化與觀念、居住等一系列影響生育率的變量的影響。當然，這也包括人口計生部門所述及的生育控制與監管的問題，但人口遷移流動卻通過影響生育率的變量使得生育水準變低成為了現實。如家庭在競爭與發展中選擇少生子女，個人為了職業發展選擇晚婚或不生、少生子女，受到城市居住成本、消費文化、生活方式而選擇以孩子質量替代數量，等等。

　　隨著中國經濟社會的發展，特別是市場經濟的理念深入到每一個家庭，以及受教育程度與收入水準的提高，西方經典生育率理論的解釋在中國得到了充分的驗證。如邊際孩子合理選擇理論、

---

① 中國實行的不是字面上所理解的一孩政策．研究也表明，中國的政策生育率為1.47，但提倡乃至限制部分人口生育的獨生子女的政策，我們常常將其理解表達為一孩政策。其主要的標誌就是1980年9月25日發出的《中共中央關於控制中國人口增長問題致全體共產黨員、共青團員的公開信》。

② 郭志剛，等．從政策生育率看中國生育政策的多樣性［J］．人口研究，2003（5）．

孩子的數量質量替代理論、生育率決定的供給—需求理論、財富流理論等都能或多或少地解釋中國低生育水準形成[①]。關於收入對生育率的影響的西方經典理論解釋的一般結論是，在人均收入水準剛開始提高時，生育率呈現上升傾向；而當人均收入提高到一定水準之後，經過若干仲介環節的作用，人均收入繼續提高則會使生育率呈現下降趨勢。若不考慮中國生育率下降的行政力量，中國的收入水準與生育率的關係也大致遵循這一規律[②]。除此之外，生育率還受到諸多社會因素的制約，包括生育文化、生育行為的社會心理學、社會流動等方面的影響。如在傳統的「多子多福」的觀念引導下人們會選擇多生，可隨著生育文化與觀念的扭轉、社會階層的提高、中產階層的形成，人們會降低生育水準。西方人口學家認為，社會文化因素作為一種整體性、綜合性變量，社會文化水準、教育水準、職業構成、社會分層狀況等和生育率之間的變動呈負相關關係[③]。另外，西方生育率理論還考察了生育率的生物學影響，從人口的自然屬性的角度出發，認為在人口的性行為、疾病、身體發育、生殖健康等生物學變量的影響下，會導致生育行為的改變，影響到生育率[④]。

4.2.2 低生育水準形成的人口學因素

西方經典生育率理論中的「仲介變量理論」在很大程度上解釋了生育率變動的人口學因素。「仲介變量理論」所給出的變量分別體現了不同的客觀條件並構成不同的類型，它們介於社會經濟背景與生育率之間，對生育行為和生育率變動產生最直接的影響作用。這些仲介變量包括了男女開始同居的年齡、永久性獨身、

---

① 相關理論解釋參見李竟能. 現代西方人口理論 [M]. 上海：復旦大學出版社，2004.

② 由於中國區域發展差異，個別地區也還存在所謂的「馬爾薩斯陷阱」，還沒從「越窮越生」的生育困境跳出來，但整體上該理論對中國的適用性是非常顯著的。

③ 李竟能. 現代西方人口理論 [M]. 上海：復旦大學出版社，2004：73.

④ 參見李竟能. 現代西方人口理論 [M]. 上海：復旦大學出版社，2004：73. 儘管這一理論沒有給出明確的方向性答案，但這一理論也可借鑑過來分析中國的現實，不過本書不做進一步分析。

不同居的時間、自願的不同房、非自願的不同房、性交頻率、無生育能力、避孕、絕育、非自願的胎兒死亡、人工流產。現代西方生育率理論建立了社會經濟因素影響仲介變量系統進而影響到生育率的路徑關係，認為社會經濟因素與生育率之間是間接聯繫，而仲介變量系統與生育率之間是直接聯繫①。邦戈茨（J. Bongaarts）就把仲介變量定義為「最接近的決定因素」，認為對總和生育率影響最大的是以下五個變量：現實已婚比率、避孕採用率、避孕效果、人工流產、產後不孕。經過進一步發展，他提出了新形勢下的低生育率的理論模型，其模型不再以自然生殖力作為參照，而是代之以意願生育數量作為參照來研究總和生育率，其模型可以表達如下：

$$TFR = F_u \times F_r \times F_g \times F_t \times F_i \times F_c \times IP$$

其中：F_u 為非意願生育，F_r 為替補效應，F_g 為性別偏好，F_t 為進度效應，F_i 為不孕效應，F_c 為競爭效應，IP 為意願生育數，TFR 為總和生育率。

依據仲介變量理論，可以看出 F_u、F_r、F_g、IP 與 TFR 存在正向效應，而 F_t、F_i、F_c 則與 TFR 存在負向效應。由此，可以考察中國的低生育水準是否存在模型所給出的共有影響因素。可以從以下幾個方面進行解釋②。

其一，從意願生育數 IP 和非意願生育 F_u 來看。目前中國生育意願處在較低水準。2001 年計劃生育與生殖健康的調查表明，育齡婦女的平均理想子女數為 1.7 個；2006 年全國人口和計劃生育調查結果則為 1.73 個；國家計生委「中國未來人口發展與生育政策研究」課題組調查結果也顯示，未來青年的生育意願較低③。這表明中國生育意願甚至低於 1.8 這個人口計生委政策指導

---

① 戴維斯，布萊克. 社會結構和生育率：一種分析框架. 經濟發展和文化變動，1956 (4)：211-235。轉引自李竞能. 現代西方人口理論 [M]. 上海：復旦大學出版社，2004：65.

② 有許多學者都對此進行了研究，如郭志剛. 中國的低生育水準及其影響因素 [J]. 人口研究，2008 (7).

③ 國家計生委課題組. 中國未來人口發展與生育政策研究 [J]. 人口研究，2000 (5).

線，處於較低水準。且丁克家庭的增多也影響了生育率的提高。而隨著避孕節育技術的廣泛使用和道德倫理約束，避孕率提高，非婚生育較少等，非意願生育對中國生育率的影響較小。

其二，從性別偏好 F_g 來看。性別偏好的影響對提高生育率有正向作用，但由於受生育政策的限制和人們生育意願的減少，生育性別偏好已經從過去多生子女的方式轉為通過胎兒性別鑒定加選擇性人工流產的方式。這樣，就可在避免違背計劃生育政策的同時又可以避免非意願性別的生育。而當這一現象大量發生的時候，性別偏好的選擇就不會提高生育率，非意願性別的妊娠能力沒有實現為生育行為而是變成了人工流產，這會減少生育數量，也會導致生育推遲與生育間隔增大。中國的低生育水準與出生性別比偏高的共存表明了胎兒性別選擇與人工流產壓抑了生育率水準[1]。

其三，從進度效應 F_t 來看。郭志剛[2]（2008）通過觀察進度效應的影響探討了中國20世紀90年代的低生育率的影響因素。認為該時期存在比較顯著的生育推遲效應[3]，從而使得時期生育水準明顯低於終身生育水準。而根據郭志剛等的研究發現，中國1990—1995年間推遲生育導致 TFR 平均降低0.11，在1996—1999年間平均降低0.23。故而，按時期生育率（或說去進度效應總和生育率）比所發布的總和生育率數據要低。從國際上來講，Bongaarts 和 Feeney 曾對進度效應做出相關理論證明，而根據 Lutz 等的研究[4]，發現歐盟人口在2000年的 TFR 被生育推遲這種時期

---

[1] 關於性別偏好、人口流產與生育率下降，有幾篇文獻都進行過探討，包括陳衛. 中國的人工流產——趨勢、模式與影響因素 [M]. 北京：科學技術文獻出版社，2005；於學軍，王廣州. 中國90年代以來生育水準研究//國務院人口普查辦公室，國家統計局人口和社會科技統計司. 第五次全國人口普查科學討論會論文集（下冊）[M]. 北京：中國統計出版社，2004：714；郭志剛. 中國的低生育水準及其影響因素 [J]. 人口研究，2008 (7).

[2] 郭志剛. 中國的低生育水準及其影響因素 [J]. 人口研究，2008 (7).

[3] 推遲效應是指本來應當發生在本時期中的生育被推遲到以後，可以根據各孩次平均生育年齡的變化量來加以測量。

[4] Lutz, W., B. C. O'Neill, S. Scherbov, Europe's Population at a Turning Point, Science, 2003. Vol. 299, 1991—1992.

效應降低了 0.3。

其四，從不孕效應 F_i 來看。受環境因素、精神壓力以及生殖健康等方面的影響，男性精子質量下降、人類生殖力的降低、不孕不育症逐步增多等，正成為現代社會中的普遍現象。儘管缺乏來自這些方面的統計數據，但相關的感性判斷與記者報導都證實了這一現象的普遍存在[1]。

其五，從替補效應 F_r 與競爭效應 F_c 來看。替補效應是指因子女傷殘而引發生育的效應，比如，2008 年汶川大地震的到來，許多孩子在地震中喪生，而出現了很多「地震媽媽」、「地震寶寶」，當時這的確提高了四川的生育率。不過從中國生育率的整體變動來看，替補效應對生育率的影響甚小。競爭效應是指個人為了追求發展及目標放棄原定生育的效應。當前，社會經濟競爭的加劇，職業壓力的增大，許多「白領」和年輕人為了自身發展而選擇晚婚或者不生育小孩，這尤其是在房價壓力大、生活成本高、節奏快的沿海大城市為甚。這樣的競爭效應在一定程度拉低了中國的生育率。

4.3　對全球範圍低生育水準的考察

分析了中國的低生育水準狀況及影響低生育水準的相關因素，我們再來看全球範圍內的低生育水準狀況，並以此來反思和關照中國的低生育水準現實。從全球範圍來看，低生育水準國家較多。世界銀行的數據顯示[2]，歐洲的生育水準較低，以 2008 數據為例，德國（1.4）、義大利（1.4）、西班牙（1.5）、葡萄牙（1.4）、俄羅斯（1.5）、希臘（1.5）、瑞士（1.5）、斯洛文尼亞（1.5）、

---

[1] 在百度、谷歌上面搜索「不孕不育」「代孕」等關鍵詞，發現近年來媒體報導報導關於人工代孕及相關的討論很多，普遍認為這是由於受到了現代人的生活方式、精神狀態、環境污染等方面的影響。

[2] 數據來源於世界銀行（http://data.worldbank.org/indicator）.

斯洛伐克（1.3）、波蘭（1.4）等屬於很低生育率國家；而英國（1.9）、法國（2.0）、芬蘭（1.8）、瑞典（1.9）等則稍高，但也低於更替生育水準；東亞等國或地區，如日本（1.3）、韓國（1.2）、中國香港（1.0）、新加坡（1.3）、泰國（1.8）等也都處於低生育水準。目前處於高生育率階段的國家主要是非洲國家，如喀麥隆（4.6）、剛果（6.0）、埃塞俄比亞（5.3）、岡比亞（5.1）、肯尼亞（4.9）、尼日利亞（4.9）、塞內加爾（2.5），中東及動盪國家或地區生育率較高，如沙特阿拉伯（3.1）、伊拉克（4.1）、索馬里（6.4）等。而傳統的人口大國及高生育國家，如印度（2.7）、印度尼西亞（2.2）等生育率也降低下來。另外美洲國家，如美國（2.1）、加拿大（1.6）、巴西（1.9）、阿根廷（2.2）、智利（1.9）等都在更替生育水準上下，加拿大甚至已經接近於很低生育水準。經濟率先起飛的非洲國家南非（2.5），中東國家伊朗（1.8），大洋洲國家澳大利亞（2.0）、新西蘭（2.2）等生育水準也處於更替生育水準上下。由此看來，除卻非洲大陸，絕大部分經濟發達國家或地區已經進入低生育水準階段，部分發展中國家也基本完成人口轉變，生育率降低，整體上看全世界進入了低生育水準階段。

　　觀察歐盟國家的生育水準狀況，我們發現歐盟國家均已經處於低生育水準階段，其歐盟成員國總體上也已低於1.5，屬於很低生育水準。從時間尺度來看，歐盟成員國在1970年總和生育率大多處在更替生育水準之上，隨著人口轉變的深化，總和生育率在1980年前大多有一個較為明顯的下降過程，之後維持穩定（見圖4-3）。

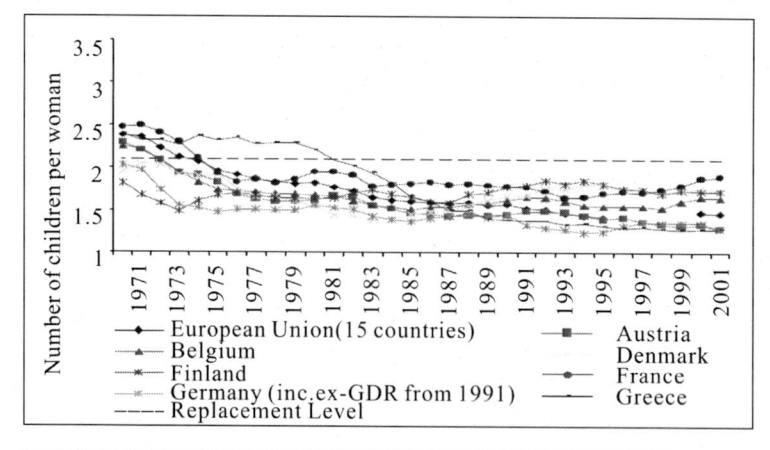

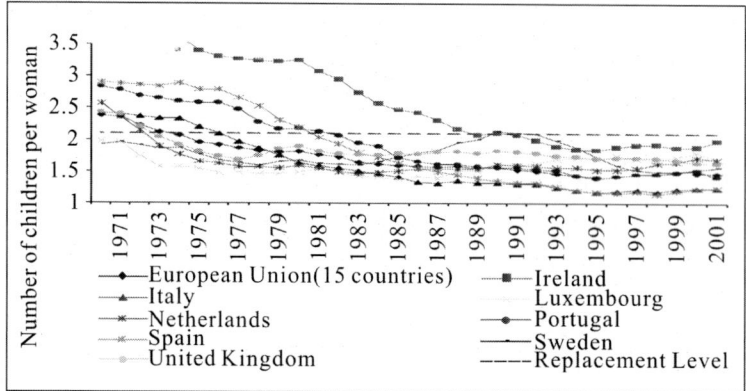

图 4-3 欧洲国家总和生育率（TFR）状况（1970-2001）

注：爱尔兰 1971 年总和生育率最高为 3.99。

资料来源：Rand Corporation, Low Fertility and Population Ageing: Causes, Consequences, and Policy Options, ww, 2004.

再来看经济合作与发展组织（OECD）国家，除美国处在更替生育水准上下，北欧国家、日本都处在更替生育水准之下。从转变过程来看，在 1985 年前都有一个较为明显的下降过程（见图 4-4）。

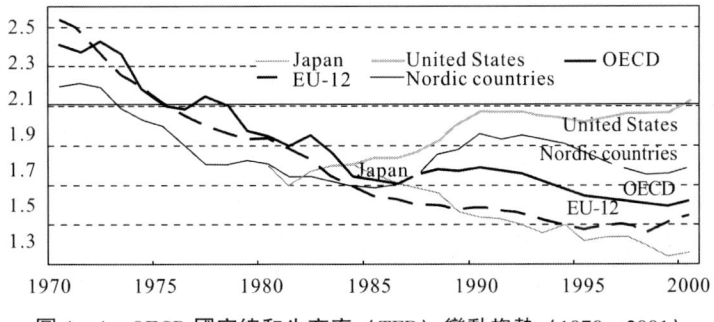

圖4-4 OECD國家總和生育率（TFR）變動趨勢（1970-2001）

資料來源：Sleebos, J., Low Fertility Rates in OECD Countries: Facts and Policy Responses, OECD Labour Market and Social Policy Occasional Papers, No. 15, 2003, OECD Publishing.

這些國家在意識到低生育水準對於經濟社會發展帶來的巨大影響時，大多採用了積極提高生育率的政策，未來政策效果及其人口發展還有待觀察，但現今情況則是不容樂觀。根據文獻的研究，將歐洲國家圍繞提高生育水準所做出的政策調整分為直接政策和間接政策[1]。直接政策以直接的財政政策為主，包括現金補貼、貸款優惠、對生育孩子的家庭減稅、特別津貼（如住房供給等）；間接政策則包括了孩子照料、避免孩子過早工作、家庭友善政策、靈活的工作時間、福利體系建設、稅收政策等，試圖用這些政策分別作用於生育率下降的各種因素，提高生育水準。評估政策效果發現現金補貼對總和生育率的影響非常小，稅收政策僅在美國和加拿大有效，家庭友善政策同時存在積極和消極的影響，孩子照料政策則在部分國家有效，而在部分國家無效。而法國、西班牙、德國等國家提高生育水準的政策評估結果則表明[2]：當前，沒有一項政策可以有效地提高生育水準。當然相關政策的影響還需要更長的時間才能顯現，但政策、社會和經濟環境決定了政策的有效性。總體而言，政策在生育率的下降中僅起緩解作用。另外，中國鄰國日本、韓國等都在為促進生育率提高做出努

---

[1] Sleebos, J., Low Fertility Rates in OECD Countries: Facts and Policy Responses, OECD Labour Market and Social Policy Occasional Papers, No. 15, 2003, OECD Publishing.

[2] Rand Corporation, Low Fertility and Population Ageing: Causes, Consequences, and Policy Options, www.rand.org, 2004.

力，但同樣面臨生育率難以提高的困局①。俄羅斯的情況也表明很低生育水準已經給俄羅斯的經濟社會帶來極大的困擾，並在財政補貼、家庭照料、移民政策等方面作出努力，但效果還有待進一步觀察②。

中國目前已經邁入了低生育水準階段。通過對影響中國低生育下降的因素表明，除卻行政干預，其他經濟、社會、人口學因素與國外低生育水準國家並無太多的差異，在生育率下降的長期轉變過程中，政策的影響不是唯一的甚至不是重要的因素，沒有理由表明中國人民的生育意願可以獨立於其他民族，在中國參與全球化競爭的今天，同樣沒有理由認為中國人民的思維方式會與其他地區的人民不同③。而沒有像中國一樣實行強制性生育政策的印度、印度尼西亞雖生育水準略處於更替生育水準之上，但20世紀80年代下降的過程是明確的，泰國、伊朗等已經處於更替生育水準之下。邦戈茨（Bongaarts）對發展中國家的研究表明，發展中國家生育率已經完成轉變，如果沒有獨生子女政策，中國總和生育率也會在2.0左右④。

依據全球低生育水準發展狀況，我們甚至可以預計，中國的低生育水準仍將持續，無論「穩定」與否。當然，如果在現今的低生育水準的情況下還繼續追求更低的生育水準，完全有可能使中國陷入像其他國家一樣的「低生育陷阱」（Low–Fertility Trap）⑤。在這樣的背景下，如何應對低生育水準的若干後果，是

---

① 涂肇慶. 超低生育率演變途徑及蘇緩政策 [J]. 市場與人口分析，2005 (4).

② 參見：V. I. Perevedentsev, The Demographic Prospects of Russia Sociological Research, 2009, 218 (3)：61–80；L. L. Rybakovskii, O. D. Zakharova, A. E. Ivanova, T. A. Demchenko, Russia』s Demographic Future Russian Social Science Review, 2004, 45 (3)：4–24；L. L. Rybakovskii, The Demographic Future of Russia and Processes of Migration Sociological Research, 2006, 45 (6)：6–25.

③ 王豐. 全球化環境中的世界人口與中國的選擇 [J]. 世界經濟評論，2010 (6).

④ 轉引自 穆光宗. 超低生育率現象分析 [J]. 市場與人口分析，2005 (4).

⑤ 關於「低生育陷阱」詳細參見 Wolfgang Lutz, Vegard Skirbekk, and Maria Rita Testa, The Low–Fertility Trap Hypothesis：Forces that May Lead to Further Postponement and Fewer Births in Europe, Vienna Yearbook of Population Research, 2006：167–192.

繼續爭議抑或促成行動、明確目標，則是關乎未來國家人口發展戰略和經濟社會發展的重大問題。

4.4 生育率與經濟增長協整分析

人口紅利告訴我們生育率的下降、人口轉變的完成形成了一個額外的源泉，促進了經濟增長。蔡昉[①]（2010）對1960年以來的各國GDP增長與總和生育率的關係進行了描述性的統計分析。分析結果認為總和生育率與GDP增長率之間的關係呈現倒U字形的關係，即總和生育率處於很高水準的國家，其GDP增長率較低；但隨著總和生育率的下降，GDP增長率上升；而總和生育率的進一步下降則使得其GDP增長率有一個上升下降的轉折；總和生育率的進一步下降則會導致GDP增長率較低。這個檢驗判斷與本書對國際生育率的總結一致，即目前總和生育率較高的國家大多屬於非洲國家，經濟發展水準較低，而經歷了人口轉變與人口紅利的國家和地區，如日本、歐洲等則經歷了經濟高速增長到逐步下降的過程。中國目前處於低生育水準階段，而生育率的下降也為中國經濟增長作出了貢獻。為了進一步求證總和生育率與經濟增長的關係，本節擬對二者之間的關係採用協整分析、格蘭杰因果檢驗等方法來進行實證研究[②]。

4.4.1 模型的設定與數據來源

通常情況下，協整檢驗的具體步驟為：首先做模型設定和數據分析；再進行單位根檢驗，以檢驗樣本序列的平穩性和單整階數；接著進行協整檢驗，得出各序列變量間的協整關係；然後進行格蘭杰因果檢驗，探討各變量間的因果方向關係；最後建立誤

[①] 蔡昉. 人口轉變、人口紅利與劉易斯轉折點［J］. 經濟研究，2010（4）.
[②] 選擇協整分析方法，其在於，一方面是大多數時序序列都是非平穩的，會產生「偽迴歸」問題；另一方面，協整分析是事後假定，只要變量間單整階數相同，理論上可能存在長期的均衡關係，這樣才可以假定方程式。協整的原理可以參見相關計量經濟學教科書。

差修正模型，以探討各變量間的長短期關係。

本書採用 1978－2008 年的總和生育率和人均 GDP 數據對變量因果關係進行全面和準確的判斷。建立方程如下：

$$\ln PGDP = \alpha + \beta \ln TFR + e_t \qquad (1)$$

式中，PGDP 和 TFR 分別表示 1978－2008 年中國人均 GDP 和總和生育率，lnPGDP 和 lnTFR 分別代表二者的對數值，e_t 為噪聲項。人均 GDP 數據來源於歷年的《中國統計年鑒》，並以 1978 年為基期，運用平減指數消除通貨膨脹影響，總和生育率 1978—1987 年數據為全國生育節育抽樣調查的結果，1988—1989 年數據依第四次全國人口普查數據調整，1990 年數據來源全國第四次人口普查，1991—1993 年採用線性插值的方法獲得，1994—2008 年數據來自張青的《總和生育率的測算及分析》一文以及據此的測算。

4.4.2　計量結果分析

①單位根檢驗

檢驗序列平穩性的標準方法是單位根檢驗。常用的單位根檢驗方法有 DF 檢驗、ADF 檢驗、PP 檢驗和 KPSS 檢驗。本書使用 ADF 檢驗對各序列進行平穩性檢驗。經檢驗，各序列在水準上即零階都不單整，但在一階上是單整的，是 I(1) 序列，平穩情況滿足同階單整要求，變量之間可能存在協整關係。對樣本數據一階差分項的 ADF 檢驗結果如表 4－1 所示。

表 4－1　　　　　　　　　單位根檢驗結果

檢驗變量	ADF 檢驗值	臨界值（1% 顯著水準）	結論
lnPGDP 的一階差分	－3.598693	－3.4959	平穩
lnTFR 的一階差分	－3.853131	－3.6959	平穩

註：當 ADF 值小於臨界值時說明該序列平穩。

②協整檢驗

用來檢驗變量之間的協整關係，通常有兩種方法：一種是基於迴歸殘差檢驗的 EG 兩步法，另一種是基於迴歸系數檢驗的

Johansen 極大似然估計法。本書採用 EG 兩步法對相關變量進行協整檢驗。首先來考察人均 GDP 與總和生育率的關係，估計出來的迴歸模型為：

$$\ln PGDP = 9.75 - 3.69 \ln TFR + e_t \tag{2}$$

為了進一步確認二者之間的協整關係，我們對其殘差序列 e 進行單位根檢驗，檢驗結果表明，其 ADF 檢驗值為 - 3.613339，在 1% 的顯著水準上小於臨界值，從而拒絕原假設，表明殘差序列不存在單位根，是平穩序列。這也說明人均 GDP 與總和生育率 TFR 之間存在協整關係。並且從協整方程（2）我們可以看出，1978—2008 年間，人均 GDP 與總和生育率之間呈現出負相關關係，其彈性系數為 - 3.69。這說明總和生育率每變動 1%，人均 GDP 反向變動 3.69%。放在中國特定的人口轉變與經濟增長期，這是可以被解釋的，生育率的下降的確為中國經濟增長作出了巨大的貢獻。

③格蘭杰因果檢驗

協整檢驗的結果證實了人均 GDP 與總和生育率存在長期穩定的均衡關係，但這種均衡關係能否構成二者之間的因果關係還有待進一步檢驗。Granger 和 Sims 通過加入滯後項的方式，解決了在具有內生關係的兩個變量間，檢驗一個變量是否能夠作為另一個變量的外生原因的問題①。本書借助 Granger 因果檢驗方法進一步證實人均 GDP 與總和生育率之間是否存在因果關係。基於赤池信息準則（AIC），本研究分別對 1、2、3、4、5 共五個滯後期分析進行了 Granger 檢驗。檢驗結果發現，在滯後一期時，人均 GDP 是 TFR 的 Granger 原因，但 TFR 不是人均 GDP 的 Granger 原因；而在滯後五期時，二者都是對方的 Granger 原因。檢驗結果如表 6 所示。

---

① 高鐵梅. 計量經濟分析方法與建模 [M]. 北京：清華大學出版社，2006：261.

表4-2　　　　　　　　Granger 因果關係檢驗結果

原假設	滯後期	F 統計值	P 值	結論
人均 GDP 不是 TFR 的 Granger 原因	1	6.219	0.01	拒絕
TFR 不是人均 GDP 的 Granger 原因	1	0.102	0.75	接受
人均 GDP 不是 TFR 的 Granger 原因	5	2.275	0.088	拒絕
TFR 不是人均 GDP 的 Granger 原因	5	2.356	0.091	拒絕

表4-2換句話講就是，在滯後一期的條件下，人均GDP是TFR的Granger原因，但TFR不是人均GDP的Granger原因；而在滯後五期的條件下，人均GDP是TFR的Granger原因，TFR也是人均GDP的Granger原因。我們可以由此來驗證生育率與經濟增長關係的理論判斷，即經濟的增長、收入水準的提升對生育水準的影響往往比較顯著和靈敏，本書在生育率的影響因素裡也談及收入水準的上升會導致生育水準的下降。而生育率的下降受經濟增長的影響卻存在一定的條件，需要長期觀察。中國的經濟增長現實其實對此有很好的驗證，即生育率的下降使人口轉變完成，從而形成了經濟增長的一個額外的源泉——人口紅利，而人口紅利的收穫和對經濟增長的實際影響是需要一系列的條件才能兌現的。因此，實證的研究也驗證了我們理論的判斷。

④誤差修正模型

協整變量間的關鍵特徵是它們的時間路徑受偏離長期均衡的程度的影響。如果系統偏離長期均衡，它們中至少有一個變量的運動方式對偏離均衡的程度有反應。為了增強模型的精度，可以將協整迴歸中的 ε_t 看做均衡誤差，通過建立誤差修正模型把生育率變動的短期行為與長期經濟增長聯繫起來。並對 $\ln PGDP_t$ 與 $\Delta \ln TFR$ 進行差分，誤差修正模型的結構如下：

$$\Delta \ln PGDP_t = \alpha + \beta \Delta \ln TFR_t + ye_{t-1} + \varepsilon_t \quad (3)$$

並就此方程估計迴歸結果，最終得到誤差修正模型的估計結果。

$$\Delta \ln \widehat{PGDP}_t = 0.3568 - 3.2165 \Delta \ln TFR_t - 0.2139 e_{t-1} + \varepsilon_t$$
$$t = (0.6851)(-2.3684) \quad (-3.5689)$$
$$R^2 = 0.6895 \quad DW = 1.6582$$

估計結果表明，人均 GDP 的增長不僅取決於生育率的變動，而且還取決於上一期人均 GDP 對均衡水準的偏離，誤差項估計的係數 -0.2139 體現了對偏離的修正，系統存在誤差修正機制，誤差修正模型能有效用於因果關係檢驗。這說明長期均衡的存在和總和生育率的下降是經濟增長的原因。這也印證了我們對因果關係檢驗的判斷。

一個總的判斷是，生育率的變動與經濟增長存在長期的因果關係。要更加深入地判定生育率的變動在何種程度上對經濟增長的影響，還需要結合人口轉變、人口紅利、經濟增長等理論來進行縝密細緻的研究。

4.5　小結

本章首先就中國低生育水準究竟是多少進行了分析討論，然後分析了低生育水準形成的各種因素，包括經濟社會、制度、人口學因素等。接著從全球範圍內考察了生育率的現實狀況，得出世界絕大多數國家已經完成人口轉變，低生育水準已經成為主要形態的結論。最後對總和生育率與經濟增長的關係進行了實證分析，發現總和生育率與經濟增長存在長期的因果關係，且總和生育率對經濟增長的影響相對滯後。本章的研究和相關結論也為後面三章主體內容提供了基礎性研究背景，以使得後面內容深入展開的邏輯合理。

低生育水準、人口紅利與經濟增長可持續性研究

正如前面章節所述及的，經濟增長理論對於人口與經濟增長的關係有或正或負的觀察和評判。但隨著研究的進一步深化，尤其是20世紀90年代以來，理論界對這一領域有了相應的突破，即將人口與經濟增長的關係從傳統的人口規模、人口增長率對經濟增長影響的視角，轉換到對人口年齡結構或人口轉變所帶來的人口紅利對經濟增長的影響的考量。對日本、東亞等國經濟增長奇跡的觀察驗證了這一理論，而後續的理論發展則通過觀察有利於經濟增長的人口轉變階段、年輕的人口年齡結構、充分供給的勞動力、較高的儲蓄效應等，進而為經濟增長提供了有力的源泉，將其表述為人口紅利。關於人口紅利對經濟增長的影響的若干文獻，文獻述評部分已經對此進行了充分的說明。

學術界的一致認識是，中國自改革開放以來，計劃生育政策的推動、經濟社會發展水準的提升加速了人口轉變的完成，形成了總撫養比較低的年輕人口年齡結構、勞動力供給充分等有利於經濟增長的人口因素，人口紅利在經濟增長中有重要地位。但是，人口紅利並不是無限的源泉，而關於人口紅利的續存與消退、人口紅利在未來經濟增長中的地位、人口紅利的開拓與挖掘等問題都還存在許多爭議，還值得更深入的研究。特別是中國現在進入到低生育水準的新歷史階段，人口紅利的走向如何，未來如何影響經濟增長的可持續性等，對這一富有重大理論和實踐意義的問題，還有待去進一步把握。

5.1 中國低生育水準與人口轉變

一般認為，低生育水準的到來促成了人口轉變與人口紅利，從而為經濟增長找到了一個額外的增長源泉。本書從人口紅利的基本概念出發，認為人口紅利應該包括三個方面的內涵：一是勞動適齡人口比重較大，二是總撫養比較低，三是低齡老年人口占老年人口比重相對較大。任何國家或地區如果處於人口年齡結構最年輕而最富生產性的階段，且能充分利用人口紅利，經濟增長就可以獲得額外的源泉，創造出增長和發展的奇跡。

從中國人口轉變及人口年齡結構變動軌跡（見圖5-1、表5-1）來看，中國人口已經轉變為「低出生率、低死亡率、低自然增長率」模式，而由人口轉變引致的人口紅利，也被認為是中國經濟增長的重要源泉。中國已經充分享受人口紅利所帶來的成果，這也是目前國內人口學界及經濟學界一致認同的結論。可見，中國目前正值人口紅利期，人口年齡結構年輕，勞動力資源充沛，適齡勞動人口比重較大，加之農村剩餘勞動力向城市和非農產業轉移仍是主流形態，勞動力要素的投入和貢獻仍居於經濟增長中的重要地位，這也是我們對人口紅利的基本認知。

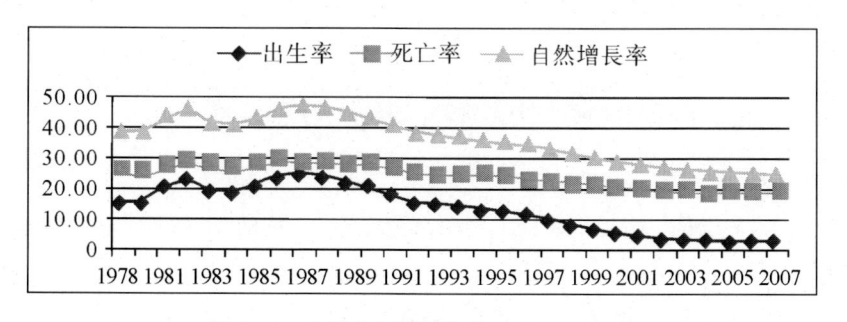

圖5-1　中國人口轉變軌跡（1978—2008）

資料來源：中國統計年鑒（2009）

表 5-1　　中國人口年齡結構變動狀況（1978—2008）　　單位：萬人　%

年份	總人口	0~14 歲 人口數	比重	15~64 歲 人口數	比重	65 歲及以上 人口數	比重	總撫養比	少兒撫養比	老年撫養比
1987	109,300	31,347	28.68	71,985	65.86	5,968	5.40	51.84	43.55	8.29
1990	114,333	31,659	27.69	76,306	66.74	6,368	5.57	49.84	41.49	8.35
1995	121,121	32,218	26.60	81,393	67.20	7,510	6.20	48.81	39.58	9.23
1996	122,389	32,311	26.39	82,245	67.20	7,833	6.41	48.81	39.27	9.54
1997	123,626	32,093	25.96	83,448	67.50	8,085	6.54	48.15	38.46	9.69
1998	124,761	32,064	25.70	84,338	67.60	8,359	6.70	47.93	38.02	9.91
1999	125,786	31,950	25.40	85,157	67.70	8,679	6.90	47.72	37.52	10.20
2000	126,743	29,012	22.89	88,910	70.10	8,821	6.96	42.56	32.64	9.92
2001	127,627	28,716	22.50	89,849	70.40	9,062	7.10	42.05	31.96	10.09
2002	128,453	28,774	22.40	90,302	70.30	9,377	7.30	42.25	31.86	10.38
2003	129,227	28,559	22.10	90,976	70.40	9,692	7.50	42.05	31.39	10.65
2004	129,988	27,947	21.50	92,184	70.90	9,857	7.60	41.01	30.32	10.69
2005	130,756	26,504	20.30	94,197	72.00	10,055	7.70	38.81	28.14	10.67
2006	131,448	25,961	19.80	95,068	72.30	10,419	7.90	38.27	27.31	10.96
2007	132,129	25,660	19.40	95,833	72.50	10,636	8.10	37.87	26.78	11.10
2008	132,802	25,166	19.00	96,680	72.70	10,956	8.30	37.36	26.03	11.33

資料來源：中國統計年鑒（2009）

5.2　人口紅利對經濟增長的作用機制

　　人口紅利對經濟增長有重要意義，但人口紅利如何影響經濟增長的作用機制仍待回答。畢竟，在經濟增長的經典學術框架裡，人口紅利作為一種學術語言或經濟時期形態，不能僅僅通過對人口紅利的內涵進行解讀得出其對經濟增長的作用機制的回答，人口紅利對經濟的影響需要通過影響經濟增長的各要素來傳遞。一般而言，人口紅利通過更高的勞動參與率、更高的儲蓄率、更優的勞動力資源配置效率等來影響經濟增長。

其一，人口紅利意味著較高的勞動參與率和就業率。勞動年齡人口比重較大這一重要人口條件，在相應的制度安排下，如發揮勞動力比較優勢的勞動密集型產業安排和人力資源市場建設，就可以轉化為較高的勞動參與率和就業率，也就意味著年輕的人口結構所產生的勞動力資源充足的優勢得到了充分的利用。改革開放以來，中國經濟活動人口絕對數量在不斷增加，經濟活動人口占勞動適齡人口的比例，即勞動參與率從 2000 年以來一直保持在 80% 以上。勞動參與率的較高水準，改革開放以來的經濟高速增長，自然帶來了總體就業機會的增加和較高的就業率。中國經濟高速增長期間，通過整體改革的制度安排，充分利用了勞動力資源充沛這一比較優勢，勞動密集型產業快速擴張，吸納了大量就業，從而將人口年齡結構優勢轉化為勞動力資源優勢，進而轉化為中國經濟的比較優勢，這是人口紅利推動經濟增長的機制之一。這一點，亦可通過經典經濟增長理論模型來加以解釋。運用科布—道格拉斯函數 $Y = AK^{\alpha}L^{\beta}$，其中 Y 為實際產出，K 為資本，L 為勞動，A 為技術進步，α 為勞動的產出彈性，β 為資本的產出彈性。一般而言，勞動力 L 投入越多，Y 越多。通過對該函數的兩邊取自然對數，然後求導，可以得到 $Y'/Y = A'/A + \alpha K'/K + \beta L'/L$，其中 Y'/Y 表示總產出增長率，A'/A 是索洛餘值增長率，K'/K 代表資本對經濟增長的貢獻，L'/L 代表勞動力對經濟增長的貢獻。由該式可看出，勞動年齡人口占比較高和較高的勞動參與率有利於經濟增長的實現。

其二，人口紅利意味著較高儲蓄率和社會儲蓄總量，有利於資本的形成和累積。統計資料顯示，2008 年中國城鄉居民儲蓄存款達到 21.79 億元，占各項存款總額的比重達到了 46.74%。如果用固定資產形成額占 GDP 的比重來表示儲蓄率的話，中國儲蓄率一直處於較高水準，近幾年來儲蓄率均達到了 40%。一方面，這是因為中國改革開放以來，經濟高速增長，城鄉居民的收入水準提高，市場化改革和金融體制等一系列有利於資本形成和累積的制度改革提高了儲蓄率。另一方面，由於年輕的人口年齡結構，人口撫養比逐漸下降，適齡勞動人口充沛，使得社會整體的撫養

負擔下降，人口紅利得以充分利用，在這個時期更加有利於儲蓄率的提高。我們也可以在 $Y'/Y = A'/A + \alpha K'/K + \beta L'/L$ 中加以檢驗。儲蓄是資本累積和形成的重要方面，而資本的累積和形成對經濟增長具有強烈的正向效應。無論是古典經濟增長理論、新古典增長理論，還是內生增長理論，如 AK 模型，「干中學」模型等都認為資本對經濟增長的具有決定性的、不可替代的作用。當然，人口紅利所引致的較高的儲蓄率，有利於資本的形成和累積，對經濟增長起到了重要的作用。資本有物質資本和人力資本的雙重含義，從人力資本理論出發，人口紅利最為直接的影響就是提供了經濟增長所需的大量的人力資源，進而通過教育深化、職業培訓、健康投入等，輔之以相應的制度改革，促使人力資源向人力資本的轉化，亦是人口紅利促進資本形成的重要方面。這是人口紅利影響經濟增長的機制之二。

其三，人口紅利意味著更優的勞動力資源配置效率。中國屬於傳統的二元經濟結構形態，農村及農業產業擁有大量的剩餘勞動力，而中國經濟增長中的城市化和工業化無疑需要大量的勞動力轉移到城鎮和非農業，隨著中國經濟發展戰略的導向及農村剩餘勞動力的自覺轉移，勞動力資源配置發生重大的變化，也使得勞動力資源效率得到了提高。一項研究表明①，1982—1998 年間勞動力資源配置對經濟增長 8.01% 的貢獻率為 20.23%。當然，勞動力資源的轉移和重新配置得益於農村充足的勞動力供給、人口紅利的存在和經濟社會的改革取向。在 $Y'/Y = A'/A + \alpha K'/K + \beta L'/L$ 中，勞動力資源配置是經濟增長的一個重要因素，也是對全要素生產率貢獻的一個重要估計。

5.3　人口紅利與儲蓄率的關係

中國的儲蓄率較高且邊際儲蓄傾向較高是一個不爭的事實。

---

① 蔡昉，王德文．中國經濟增長可持續性與勞動貢獻 [J]．經濟研究，1999 (10)．

用固定資產形成額占 GDP 的比重來表示儲蓄率的數據表明，中國 1990 年以來的平均儲蓄率達到 35.81%[①]。對中國儲蓄較高的事實的各種研究和解釋成為了國內外學者研究的熱點，國內外學者從各個不同的角度出發給出了相應的解釋，比如預防性的儲蓄動力、儲蓄的習慣與文化、社會保障體制的不健全等，還有從人口年齡結構變動、人口轉變等角度出發進行了相關方面的研究[②]。但對於人口轉變、人口年齡結構、人口紅利與儲蓄率關係的研究這樣一個富有價值的話題，仍值得進一步深入研究。

　　從生命週期理論來看，人在開始進入勞動適齡年齡之前都屬於被撫養人口，更多的是消費而不是生產，而進入勞動適齡年齡之後，通過參與就業就轉變為生產性人口，然後隨著年齡增大退出了勞動力市場，成為被供養的人口。在年齡的變化過程之中，通過就業獲取勞動收入和報酬的時期就限於勞動適齡階段，不過接受教育時間的增長主要集中在 15～64 歲區間。但隨著學歷的提升和預期壽命的延長，一般在老齡的初始階段尚能作為生產性人口存在。不管如何，人的消費是終身伴隨的，個人勞動和消費也就具有了生命週期的特點，消費與生產時期上的錯位和不完全對應，使得個人、家庭、企業和社會都需要進行儲蓄，去平滑這樣的不完全對應。人口紅利的特徵也就意味著更加年輕的人口年齡結構會偏好於更高的儲蓄動機和儲蓄率，而在人口紅利的消解階段，人口老齡化加深會降低整個社會的儲蓄水準。生命週期理論是我們研究人口紅利與儲蓄率之間的理論基礎和邏輯起點。

　　本書通過對影響儲蓄率因素的文獻梳理和理論分析，考慮到

---

　　① 當然，也有其他很多測算和表明儲蓄率的方法，有很多學者都進行充分了研究，本書所指數據主要來源中國統計年鑒，並用固定資產形成額占 GDP 的比重來表示儲蓄率，都表明了中國的儲蓄率較高。

　　② 較多文獻對人口因素與儲蓄率進行了相關的研究。大量被引證的有 Leff（1969）、Modigliani（1970）、Ram（1982）、Higgins 和 Williamson（1997）等人的文獻，這些文獻研究結論表明收入增長率與儲蓄率的關係相對穩定，但對人口結構與儲蓄率的關係卻因變量、模型、數據等方面的原因，缺乏一致的結論，還存在爭議。中國學者也對此進行了相關研究，相應的文獻已經在文獻述評部分進行了總結，一個基本的結論就是人口轉變、人口結構對儲蓄率的影響是正向的，但方法不同結論各有不同。

中國的現實狀況和模型操作性，對人口紅利與儲蓄率的關係進行計量分析。具體的變量設定是：以人均 GDP 代表經濟增長的水準，以撫養比代表人口紅利存續的狀況①，並考慮儲蓄行為的慣性，以滯後一期的儲蓄率作為內生解釋變量，並構成以下計量模型②。

$$\ln S_t = \beta_0 + \beta_1 \ln G_t + \beta_2 \ln TB_t + \beta_3 \ln S_t(-1) + u_t$$

其中，S_t 為儲蓄率，G_t 為人均 GDP，TB_t 為總撫養比，$\ln S_t(-1)$ 為滯後一期的儲蓄率，β_0、β_1、β_2、β_3 為待估計參數，u_t 為隨機擾動項。

直接進行最小二乘迴歸的結果 t 統計量偏小，方程迴歸結果不顯著，分別對 G_t、TB_t 進行滯後一期後的迴歸效果較好，可決系數較高，且方程在顯著性水準 $\alpha = 0.05$ 時通過了德賓 h 檢驗，迴歸模型不存在一階自相關。

其估計結果如表 5－2 所示：

表 5－2　　　　　　人口紅利對儲蓄率影響的迴歸結果

$\ln G_t$	0.658633（2.07733）
$\ln G_t(-1)$	－0.641526（－2.038838）
TB_t	0.059056（0.969171）
$TB_t(-1)$	－0.141824（－2.177184）
$\ln S_t(-1)$	0.592393（5.015469）
C	1.636209（3.423109）
R^2	0.842892

結果表明，快速增長的居民收入水準對儲蓄率的影響是顯著正向的，滯後一期的總撫養比對儲蓄率的影響是顯著正向的，滯後一期的撫養比每變動 1 個百分點，儲蓄率就會反向變動 0.142 個百分點。這也可以解讀為撫養比的逐漸下降對儲蓄率的影響有

---

① 考慮到在迴歸分析中，少兒撫養比、老年撫養比與總撫養比完全線性相關，且總扶養比作為人口紅利的主要觀測變量，在模型中主要以總撫養比代表人口紅利狀況。

② 數據來源於《中國統計年鑒》，時期為 1978—2008 年。另外，人均 GDP 按照 1978 年不變價格計算。

一個時滯效應。這種滯後在經濟理論上應該是可以被解釋的，即撫養比的下降意味著更多的就業人口、更為有效的人口年齡結構，這種有利狀態傳導至儲蓄效應同樣具有時滯效應。計量結果還證明了滯後一期的儲蓄率對儲蓄率有顯著影響，這也說明了居民收入水準的提高、人口紅利的擴大、居民儲蓄行為的慣性等對儲蓄率的影響較為顯著。

5.4 人口紅利對中國經濟增長影響的定量分析

人口紅利有其特有的時期性和階段性，因此絕不是永久性的增長源泉，不同時期與不同階段，人口紅利對經濟增長的影響和貢獻或大或小。率先發達的國家或地區都曾在特定的階段獲益於人口紅利，但隨著人口轉變的完成和加深以及低生育水準的到來，人口負增長出現，人口年齡結構形態產生轉換，人口老齡化加劇，這種特殊的增長源泉終究要消失殆盡。因此，從定量研究的角度出發，弄清人口紅利對中國經濟增長的影響就顯得非常必要：一是有利於判斷人口紅利的出現對中國經濟增長的貢獻，二是有利於更好地考察未來人口紅利的消解對經濟增長的影響。本書通過借鑑陳友華[①]（2008）構建的數學模型來估算人口紅利對經濟增長的定量影響。

$$\because \quad GDP = \frac{GDP}{L} \cdot \frac{L}{P} \cdot P \quad (1)$$

$$\therefore \quad GDP_t = \frac{GDP_t}{L_t} \cdot \frac{L_t}{P_t} \cdot P_t \quad (2)$$

$$GDP_t^s = \frac{GDP_t}{L_t} \cdot \frac{L_s}{P_s} \cdot P_t \quad (3)$$

其中，GDP 為國內生產總值，L 與 P 分別表示 15～59 歲組人口數

[①] 數學模型來源於陳友華. 人口紅利與中國的經濟增長 [J]. 江蘇行政學院學報，2008，(4).

與總人口數，t 為年份，L_s 與 P_s 分別代表標準人口①（或參照人口）中 15～59 歲組人口數與總人口數，L_s/P_s 為標準人口中 15～59 歲人口比例，則 GDP_t 為含有人口紅利因素影響情形下的 t 年的實際 GDP，而 GDP_t^s 為不含有人口紅利因素影響情形下的 t 年的理論 GDP。這樣，人口紅利因素對 GDP 的貢獻率可由下式計算：

$$人口紅利因素對 GDP 的貢獻率 = \frac{GDP_t - GDP_t^s}{GDP_t} \times 100\% \quad (4)$$

依據公式（4）可得出計算結果，如表 5-3 所示。可以看出，自 1990 年以來，人口紅利對經濟增長的貢獻率較高，保持在 12% 以上。到 2008 年時人口紅利因素對當年 GDP 的貢獻量達到 59,572.62 億元，占當年 GDP 的比例更是高達 19.67%。這表明人口紅利因素對 GDP 的增長做出了很大的貢獻。

表 5-3　　　　　　　中國人口紅利對經濟增長的貢獻率

年份	GDP_t	GDP_t^s	人口紅利對 GDP 的貢獻率		15～59 歲人口比例 %	
			$GDP_t - GDP_t^s$	貢獻率%	實際人口	標準人口
1990	18,718.32	16,401.64	2,316.69	12.38	66.74	58.48
1991	21,826.20	19,119.18	2,707.02	12.40	66.76	58.48
1992	26,937.28	23,560.97	3,376.31	12.53	66.86	58.48
1993	35,260.02	30,794.90	4,465.12	12.66	66.96	58.48
1994	48,108.46	41,951.03	6,157.43	12.80	67.06	58.48
1995	59,810.53	52,049.60	7,760.93	12.98	67.20	58.48
1996	70,142.49	61,040.97	9,101.52	12.98	67.20	58.48
1997	78,060.83	67,629.23	10,431.61	13.36	67.50	58.48
1998	83,024.28	71,823.74	11,200.54	13.49	67.60	58.48
1999	88,479.15	76,429.37	12,049.78	13.62	67.70	58.48
2000	98,000.45	81,697.51	16,302.94	16.64	70.15	58.48
2001	108,068.22	89,770.71	18,297.51	16.93	70.40	58.48
2002	119,095.69	99,071.85	20,023.84	16.81	70.30	58.48
2003	135,173.98	112,286.33	22,887.65	16.93	70.40	58.48

---

① 標準人口或參照人口是既不存在人口紅利也不存在人口負債的人口。根據陳友華（2006）的研究結果，標準人口中 15～59 歲人口占總人口的比例為 58.48%。

表5－3(續)

年份	GDP_t	GDP_t^s	人口紅利對 GDP 的貢獻率		15～59 歲人口比例 %	
			$GDP_t - GDP_t^s$	貢獻率%	實際人口	標準人口
2004	159,586.75	131,598.79	27,987.96	17.54	70.92	58.48
2005	184,088.60	149,437.23	34,651.37	18.82	72.04	58.48
2006	213,131.70	172,335.61	40,796.09	19.14	72.32	58.48
2007	259,258.90	209,037.45	50,221.45	19.37	72.53	58.48
2008	302,853.37	243,280.75	59,572.62	19.67	72.80	58.48

註：GDP 是以 1978 年為基期用平減指數消除價格因素後的真實值，勞動適齡人口比例來自相應年份的《中國統計年鑒》。

　　值得指出的是，人口紅利作為人口轉變過程中在某一特定階段出現的一種人口現象，量化來看，不過是在經濟發展過程中的一種支付錯位或借貸現象，現階段的人口紅利收穫的是以往對人口投資的回報（即超出標準人口狀態）和對未來的預支（即低於標準人口狀態）。所以，不論是人口紅利還是人口負債，都是人口現象在時空和代際上的錯位。現在的發達國家或地區都曾在某個階段受益於人口紅利，但人口紅利絕不是永久性的增長源泉，隨著生育率的持續走低，人口向負增長的階段轉變，這樣的增長源泉會消耗殆盡，比如日本。

　　由於人口紅利的特殊屬性，隨著中國生育水準的走低，人口老齡化的加劇，對現階段人口紅利的潛在貢獻進行充分挖掘，不僅是未來保持經濟持續增長的重要手段，也是迎接老齡型社會到來的當務之急。這就意味著未來人口紅利存在期是利用和開發人口紅利的最後機會，也是挖掘替代經濟增長源泉的戰略機遇期。如果我們在這個關鍵的階段上錯失良機，經濟增長就有可能失去可持續性，這是我們借由定量研究得出的重要啟示和結論。

5.5 人口紅利與中國經濟增長可持續性

前文已經表明，人口紅利從來都不是永久性的源泉，人口年齡結構變動決定著人口紅利的多寡及其存續與消解。當前，中國仍處於人口紅利期，但隨著低生育水準的持續，出生人口數大大減少，老齡人口數增長，這一人口發展格局成為常態，人口紅利必然迎來其消解期。這就有必要弄清人口紅利發展的時間軌跡，對人口紅利最終消解的時期實現量化判斷，並對未來人口年齡結構進行預測。人口年齡結構預測結果如表 5-4 所示[①]。

表 5-4　　總和生育率為 1.5 的人口年齡結構預測　　　單位：萬人 %

年份	總人口	0~14 歲 人口數	比重(%)	15~64 歲 人口數	比重(%)	65 歲及以上 人口數	比重(%)	總撫養比(%)	少兒撫養比(%)	老年撫養比(%)
2010	134,279	24,289	18.09	98,301	73.21	11,688	8.70	36.60	24.71	11.89
2015	137,213	23,657	17.24	99,682	72.65	13,875	10.11	37.65	23.73	13.92
2020	138,614	22,059	15.91	99,170	71.54	17,386	12.54	39.78	22.24	17.53
2025	138,301	20,186	14.60	98,102	70.93	20,012	14.47	40.98	20.58	20.40
2030	136,705	17,701	12.95	95,221	69.65	23,783	17.40	43.57	18.59	24.98
2035	133,940	15,810	11.80	89,562	66.87	28,568	21.33	49.55	17.65	31.90
2040	130,153	14,847	11.41	83,448	64.12	31,858	24.48	55.97	17.79	38.18
2045	125,198	14,078	11.24	79,040	63.13	32,081	25.62	58.40	17.81	40.59
2050	119,163	13,116	11.01	73,701	61.85	32,346	27.14	61.68	17.80	43.89

資料來源：田雪原. 21 世紀中國人口發展戰略研究 [M]. 北京：社會科學文獻出版社, 2007.

[①] 該項預測研究結果來自於田雪原主編的《21 世紀中國人口發展戰略研究》一書。這項預測結果的生育水準假定是未來總體生育水準，保持在 1.4~1.5 之間。正如本書在前面所分析的，生育水準的高低存在爭議，但多次的調查數據都顯示中國的總和生育率已經處於 1.5 之下。因此，對於未來人口預測，這一生育水準應是可以被採信並運用的。另外，在《21 世紀中國人口發展戰略研究》中將預測的時期延長至 2100 年，但筆者認為，人口預測有其科學性，但過於長期的數據則容易導致失真，因此，該處僅將到 2010—2050 作為觀察研究的時間區間。

該方案下，0~14歲與15~64歲人口比重一直呈下降趨勢，65歲及以上人口比重則呈現快速上升的趨勢。相對應的是，少兒撫養比逐步下降，而老年撫養比和總撫養比則呈上升的趨勢，少兒撫養比和老年撫養比一降一升，但老年撫養比上升速度較快，對總撫養比上升的貢獻較大。2050年，總撫養比、少兒撫養比與老年撫養比將分別達到61.68%、17.80%、43.89%。從少兒比重、老年比重等指標的研判來看，中國人口已經邁入老年型的人口結構，並且未來人口結構將會加速老化，人口老齡化的問題將非常突出。

如果以總撫養比為0.5作為劃分人口年齡結構標準的話，低於0.5標準的人口年齡結構稱之為人口紅利期，高於0.5標準的人口年齡結構稱之為人口負債期，中國人口將在2035年迎來人口紅利向人口負債的轉折點。可以說，在穩定低生育水準政策不變的剛性約束和低生育水準的現實境況下，未來人口紅利向人口負債的轉化不可避免，人口紅利的逐漸消退將對經濟增長帶來至關重要的影響。如何來應對未來人口負債的出現和老齡化問題將顯得越來越突出，這也需要我們做好應對的充分準備，未雨綢繆。

基於此，我們需要理清兩個方面的認識，一是如何收穫人口紅利的問題，二是如何開拓新的增長源泉的問題。回答這兩個問題，需要從收穫人口紅利的條件入手。人口紅利理論有以下假定條件：其一，假定所有勞動年齡內的人口均被雇用，生產者越多，產出越多；其二，儲蓄都能轉化為生產性資本，財富累積較多；其三，對人力資本的投資會擴大人力資本累積，人口紅利的充分利用自然需要關照到上述三條件。宏觀背景與政策環境對於人口紅利的收穫具有決定的作用，比如擴大就業、就業優先、優先投資於人的人力資本戰略，勞動力市場培育、對勞動者實施立法保護、擴大貿易開放度、有效地金融體制改革、教育政策、有效的產業政策導向、宏觀經濟管理與調控等，都是充分利用人口年齡結構優勢，收穫人口紅利的積極政策與措施。從中國改革開放及人口紅利的收穫過程來看，相應的政策匹配是較為適宜的，人口紅利對中國經濟增長的貢獻也有目共睹。在人口紅利的續存期和

深化挖掘人口紅利的策略引導下，如果有好的制度安排，人口紅利還將會持續。學術界運用「第二人口紅利」對此予以解釋和說明。

「第二人口紅利」是相對於傳統意義上所描述的人口紅利（也稱為第一人口紅利）而言的。第一人口紅利和勞動年齡人口有關，主要涉及勞動年齡人口比例的提高和撫養比的下降，以及勞動力的充分供給和高儲蓄率，並對人口紅利、負債等相應指標進行了量化的界定，前文所述的人口紅利均指第一人口紅利。而「第二人口紅利」則是近年來學者所提出來的[1]，指在人口老齡化的階段，平均預期壽命及人口的健康素質會大大提高，而伴隨著老齡化社會的社會養老保險保障制度、就業制度、人力資源市場制度等變革，個人或家庭因應對老齡化的需要將產生新的儲蓄動機，形成新的儲蓄源泉，且老年勞動力供給和人力資本形成具備相應制度條件，這同樣可以獲得等同於「第一人口紅利」的「第二人口紅利」。當然，收穫和挖掘第二人口紅利的條件將會比第一人口紅利的條件更為嚴格，對經濟社會發展中的相應制度變革與創新的要求更高，一系列的制度改革與安排將是第二人口紅利實現的必要條件。比如戶籍制度的改革將會放鬆勞動力流動的束縛，教育深化與培訓要更加有效且要偏向於老年人口，勞動力市場與就業制度要充分考慮老年人口增多的現實，推遲退休年齡以充分利用老年人力資本，養老保障及退休金管理制度創新，社會保障體系與儲蓄動機有效銜接等。

總的來說，第二人口紅利有著巨大的開發潛力。一個逐漸進入人口老齡化的社會，只要具備必要的制度條件，同樣具有人口潛在優勢來提供第二人口紅利。第二人口紅利包括三個主要來源：①隨著養老保障制度和金融市場的完善，勞動者基於養老需求會進行儲蓄，從而保持高儲蓄率；②隨著少年兒童人口比重的降低，勞動年齡人口供養在學人口的能力相對提高，可以有效提高人力資本水準；③勞動參與率擴大，延緩退休是擴大勞動力供給、緩

---

[1] Lee, Ronald and Andrew Mason, What is the Demographic Dividend? Finance and Development, 2006, 43 (3).

解養老負擔的重要途徑。Lee 和 Mason[①]（2006）對第一人口紅利及第二人口紅利對實際 GDP 增長的貢獻做出了測算，結果表明，第二人口紅利對經濟增長的貢獻較大（見表 5-5）。這意味著中國在未來第一人口紅利衰竭時，可以通過開發和收穫第二人口紅利來實現經濟增長。中國在明確收穫第一人口紅利的同時，更應思考未來的老齡化加深的現實風險，確立獲得第二人口紅利的戰略，並以此來避免人口老齡化對中國經濟增長可持續性的負面影響，實現經濟社會又好又快發展。

表 5-5　人口紅利對實際 GDP 增長的貢獻（1970—2000 年）　　單位：%

地區	第一人口紅利	第二人口紅利	加總	實際 GDP
工業化國家	0.34	0.69	1.03	2.25
東南亞	0.59	1.31	1.90	4.32
南亞	0.10	0.69	0.79	1.88
拉美	0.62	1.08	1.70	0.94
撒哈拉以南	-0.09	0.17	0.08	0.06
東北非	0.51	0.70	1.21	1.10
東歐轉型國家	0.24	0.57	0.81	0.61
太平洋群島	0.58	1.15	1.73	0.93

資料來源：Lee, Ronald and Andrew Mason, What is the Demographic Dividend? Finance and Development, Volume 43, Number 3. 2006.

5.6　小結

本章首先對中國低生育水準與人口狀況進行了討論，認為中國目前仍處於人口紅利期；分析了人口紅利對經濟增長的作用機制，主要是通過更高的勞動參與率、更高的儲蓄率和儲蓄總量、更優的勞動力資源配置來影響經濟增長；研究了人口紅利對儲蓄

[①] Lee, Ronald and Andrew Mason, What is the Demographic Dividend? Finance and Development, 2006, 43 (3).

率的影響，發現總撫養比下降對儲蓄率存在顯著的正向影響，其彈性係數為 0.142；並對人口紅利對中國經濟增長的貢獻率進行了測算，結果表明貢獻率達到 20% 左右；最後對人口紅利的消解與轉化及其對中國經濟增長可持續性影響進行了分析，認為深入挖掘人口紅利貢獻，開發收穫第二人口紅利是重要戰略方向。

6

勞動力供給、劉易斯轉折點與經濟增長可持續性研究

低生育水準影響經濟增長中的勞動力供給，這種影響在中國經濟發展的現實狀況中可表述為劉易斯轉折點的問題。本章將回答以下問題：中國勞動力供給究竟處於何種狀態？劉易斯轉折點是否真正來臨？如何借鑑國外的相關經驗？在劉易斯轉折點到來情況下如何來保持中國經濟增長的可持續性？

6.1 中國低生育水準與勞動力變動

在人口轉變過程中，隨著人口轉變的完成及經濟社會的發展，生育率大大下降，人口增長率逐漸降低，人口老齡化隨即出現，按照一代人的時間間隔，依次出現人口自然增長率先上升後下降和勞動年齡人口先上升後下降兩條曲線變化（見圖6-1）。勞動力的供給亦會隨著勞動年齡人口的絕對數量和比重的變化而變化。

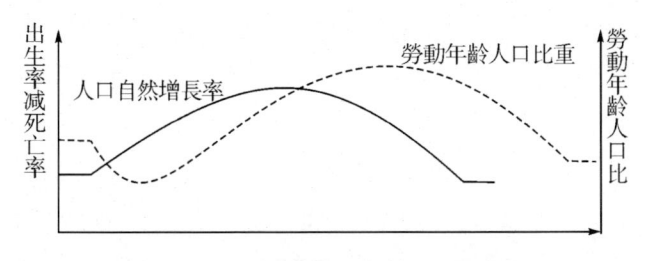

圖6-1 人口轉變中的兩條倒U型曲線

資料來源：Williamson, Jeffrey, Growth, Distribution, and demography: Some Lessons from History, NEBR Working Paper Series, No. 6244, 1997.

根據第五章所給出的人口年齡結構數據（1987—2050 年），我們可以對中國勞動年齡人口做出一個趨勢性的判斷（見圖 6-2），可以看出，中國勞動年齡人口隨著人口轉變的完成呈現先上升後下降的態勢，且勞動年齡人口占總人口比重的波幅更大，在 2010 年前後達到波峰 73.21% 後便逐漸下降，直到 2050 年下降到 61.85%。不管是聯合國相關機構還是國內其他學者所給出的相應數據均表明，未來中國勞動年齡人口的絕對數量和比例的變化，將和我們所經歷的改革開放以來勞動力無限供給的這一現狀完全不同，未來勞動力供給狀況不容樂觀。

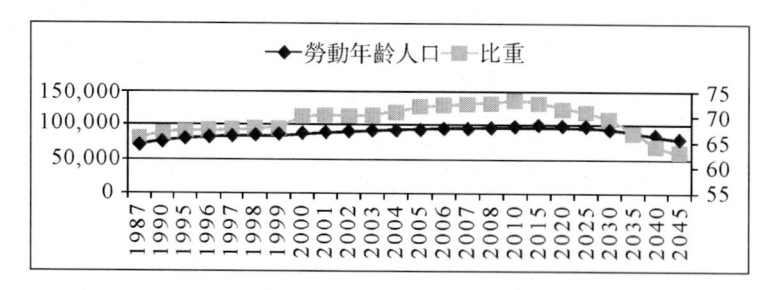

圖 6-2　中國 1987—2050 年勞動年齡人口變動狀況

資料來源：1987—2008 年數據來源於《中國統計年鑒》（2009），其他數據來源於田雪原. 21 世紀中國人口發展戰略 [M]. 社會科學文獻出版社，2007.

中國多年的計劃生育政策的實施結果，為最大限度地控制人口總量、在一定時期內緩解人口與資源環境的關係作出了巨大的貢獻，另外，也通過對出生人口的控制，使得人口年齡結構更加富有競爭優勢，總撫養比降低，使得勞動力資源豐富的優勢得到了最大限度的發揮，這也是中國經濟增長及參與國際競爭的重要優勢。作為勞動力資源豐富的國家，大力發展勞動性密集產業自然就是中國經濟發展的重要比較優勢，在中國經濟增長幾十年內，也是沿著這一比較優勢的方向來進行的[①]。

改革開放期間，中國經濟活動人口和就業人口保持了較高的數量，並呈現不斷擴大的趨勢，而後趨於穩定。圖 6-3 顯示了中

---

① 林毅夫，蔡昉，李周. 中國的奇跡：發展戰略與經濟改革 [M]. 增訂版. 上海：上海人民出版社，2002.

國經濟活動人口、就業人口與勞動參與率變動情況。隨著經濟規模的不斷擴大，各個部門對勞動力需求的增加和吸納，以及勞動年齡人口的不斷增長，經濟活動人口從 1978 年的 4.07 億逐步增加到 2008 年的 7.92 億，勞動參與率從 1987 年的 73.7% 提高到了 1995 年的 85.6%，然後逐漸穩定並緩慢下降，到 2008 年為 81.96%。這樣大規模的經濟活動人口和較高的勞動參與率，要遠遠高於世界大多數國家和地區。對未來勞動參與率的判斷是，隨著收入水準的提高、健康素質的提高及社會保障制度的不斷完善，考慮到老年人口參與社會經濟的願望增強，相對而言，老年人口的勞動參與率不會降低太多，將會穩定在相對合理的水準。又根據西方發達國家的歷史經驗和中國國情，且現階段中國經濟發展水準還比較靠後[①]，勞動適齡人口與老年人口儲蓄動機較強，可能更需要延長參加工作的時間以彌補低收入所造成的養老儲蓄不足，從而在未來一定時期內勞動參與率下降的幅度很有限，勞動參與率亦會始終穩定在 70% 以上的水準。

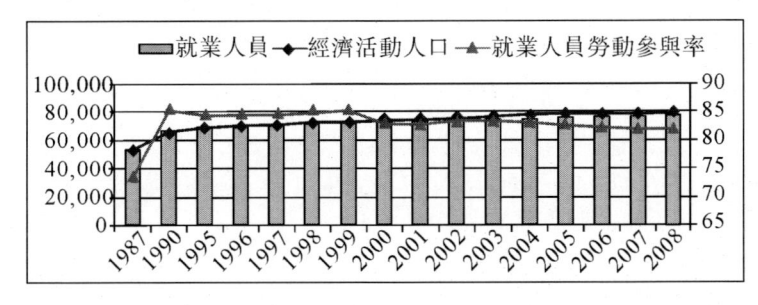

圖 6-3　經濟活動人口、就業人口與勞動參與率的變化（1987—2008 年）
資料來源：《中國統計年鑒》（2009）

　　從中國的勞動年齡人口與勞動參與率來看，總體上，經濟發展過程中形成了這樣一個良性互動的局面：一方面大量勞動力就業需要擴大經濟部門的就業容量，產業調整使得改革以來勞動密集型產業得到了快速的發展，並吸納了大量的就業人口，把人口年齡結構優勢轉化為中國經濟增長的比較優勢；另一方面經濟增

[①] 超越日本成為世界第二大經濟體的成功並不能掩蓋中國經濟整體發展水準較為落後的事實。

長所需要的大量勞動力也得到了充足的供給，且這一時期都處於勞動力無限供給的時期。

但值得指出的是，隨著生育水準的持續走低，勞動年齡人口的絕對數量和占比將會逐漸下降，中國經濟增長所依賴的勞動力優勢是否還繼續存在，劉易斯轉折點是否已經或即將出現，中國經濟是否已經迎來了經濟發展的新階段，這些問題都需要我們理性思考。理性思考中國未來的勞動力供給，我們不能僅僅依靠數學模型來證實，理論的演繹和論述同樣重要。從供需雙方來看，兩種境況可能同時存在。一是勞動力數量的逐步減少並不意味著就業優先導向戰略的式微。從勞動力數量的變動研判，未來中國勞動力總體規模依然較大，新增勞動年齡人口依然可觀，就業的總量性壓力依然存在，工業化與城鎮化進程加快使得農村剩餘勞動力轉移趨勢不可扭轉，勞動力供給增加傳導給就業的壓力不容小覷，再加之產業結構升級和轉換可能造成對新增勞動力吸納能力的下降。因此，我們即便不從就業的結構性來看，勞動力供給總量的龐大依然是未來我們思考這一問題的重要視角。當然，這一視角不是唯一的，也不是靜止的。除此之外，我們也更應該看到勞動力供給能力的減弱，勞動年齡人口總量的下降，人口撫養比的不斷上升，老年型社會來臨的基本國情。目前「用工荒」、剩餘勞動力的各種解釋的探尋，反向來看也是總量告別無限供給的重要證據，再加上制度因素，比如戶籍制度、教育制度等束縛，造成了農村剩餘勞動力還不能完全真正從非農部門、農村順利轉移出來。因此，現階段勞動力供給總量減少的壓力亦是我們理性思考中國勞動供求關係的出發點。需要指出的是，對勞動力供求的預判，是在相應的假定條件之下進行的，任何條件的改變都可能會影響勞動力的供求關係。如產業結構升級、經濟增長方式的轉變、技術創新的影響、勞動力工資水準變化、相關勞動保障、工資、退休制度的變革等都會對勞動力供求關係產生影響。對中國未來勞動力供求關係進行研判的關鍵意義所在，或可說在現有經濟增長框架裡，在低生育水準的現實條件下，我們大致可以研判出勞動力供求的發展趨勢，並據此思考人口與經濟增長關係及相關戰略的調整。

6.2 對中國劉易斯轉折點的理論分析與判斷

正如文獻部分所述，關於中國經濟是否已經跨越劉易斯轉折點的爭論在學術界引起了激烈的爭論，他們各自尋找不同的理論和實證證據支撐自己的觀點。故本書擬對此做進一步的實證研究，尋找中國劉易斯轉折點是否到來的證據。

6.2.1 理論分析

「劉易斯轉折點」是第二次世界大戰後發展經濟學代表人物劉易斯（Lewis）二元經濟理論的一個重要內容，他於 1954 年發表了著名的《勞動無限供給條件下的經濟發展》一文[1]，創立了二元經濟理論，這個理論成為發展經濟學中的經典之作，被後來學者無數次引用[2]。劉易斯認為發展中國家存在大量傳統部門（如農業部門）與新起的現代部門（也稱資本主義部門或現代工業部門）並存的二元結構。在傳統部門中，相對於資本和自然資源來講，人口眾多且存在著無限供給的勞動力，勞動的邊際生產能力十分低下，收入水準很低。由於傳統部門存在無限供給和收入水準低下的勞動力，現代部門則通過採用相對不變的低工資水準吸收大量的廉價勞動力，獲取較高利潤從而強化資本累積，實現現代部門的擴張和增長。隨著勞動力需求增長速度超過供給增長速度，工資開始提高，勞動從無限供給向有限剩餘轉變，將其稱為劉易斯轉折點[3]。此時，農業勞動力的工資尚未由勞動的邊

---

[1] Lewis, W., Economic development with unlimited supplies of labour, Manchester School of Economic and Social Studies, 1954, 22 (2): 139 - 191.

[2] 劉易斯以後，二元經濟理論經費景漢和拉尼斯（Fei and Rains, 1961）、喬根森（Jogenson, 1967）、哈里斯和托達羅（Harris and Todaro, 1970）的發展成為較為完善的理論。

[3] 對劉易斯轉折點理論的爭議也是關於中國是否迎來劉易斯轉折點的爭議內容之一。對此，蔡昉給予了明確的界定。本書認可並採用了這一觀點。

際生產力決定，農業與現代部門的勞動的邊際生產力仍然存在差異。但隨著剩餘勞動力減少到吸收殆盡，傳統部門完全商業化，兩部門的生產率基本相等，二元經濟就變為一元的現代經濟（見圖6-4）。通過農業剩餘勞力轉移支持工業資本累積，實現結構轉換的這個理論核心，為探索發展中國家結構變動與現代化發展的過程、規律和動力奠定了理論基礎。其後，在劉易斯理論基礎上，費景漢（John C. H. Fei）和拉尼斯（Gustav Ranis）[1] 進而把這一發展和就業轉換過程分為三個階段：勞動力無限供給的階段；農業勞力轉移到一定時期，再轉移就會影響農業產出，繼續轉移要以提高農業勞動生產率和工資增長為前提的階段；完成轉移、兩部門勞動生產率接近，變為一元現代經濟的階段。進入第二階段的轉折點被稱為第一個劉易斯轉折點，進入第三階段的轉折點被稱為第二個劉易斯轉折點。第一拐點和第二拐點之間夾雜著庫茲涅茨拐點。庫茲涅茨曲線是一個收入分配的倒 U 字形曲線，表明在收入差距最高的一個點之後，經濟繼續發展，但經濟發展的結果更加均等地在全體居民中進行分享，收入差距逐漸縮小。第二拐點，是劉易斯第二拐點，也被稱為商業化點。傳統部門勞動生產率持續上升，終究會在某個時點追趕上現代部門，由此經濟進入到均質化過程，二元結構消除（見圖6-5、表6-1）。「二元經濟」向一元化過渡的進度取決於三個因素：①工業資本儲備的增長率，這一增長率為工業利潤增長率和農業盈餘增長率所限定；②技術進步的性質和傾向；③人口的自然增長率。

---

[1] 對其學術思想參見費景漢，古斯塔夫拉尼斯. 增長和發展：演進觀點 [M]. 北京：商務印書館，2004.

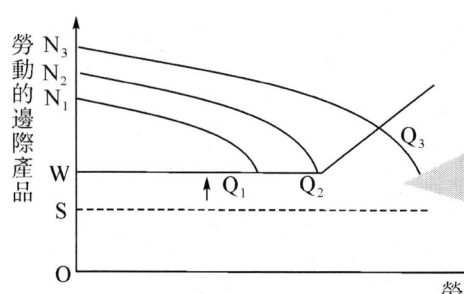

圖 6-4　劉易斯轉折點模型：從無限供給到有限剩餘

資料來源：Lewis, W., Economic development with unlimited supplies of labour, Manchester School of Economic and Social Studies, 1954, 22（2）: 139-191.

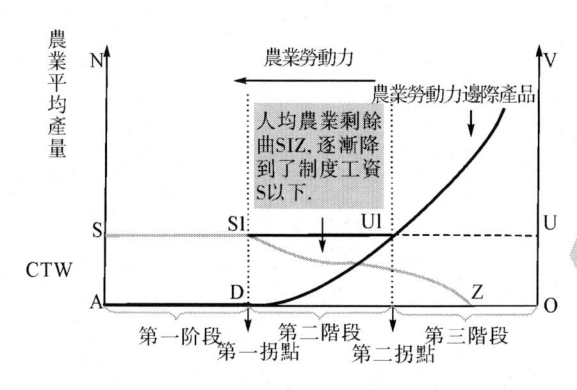

說明框：S表示維持生存的收入水平，W是高於S的資本主義部門的工資水平，在W的工資水平上，勞動力無條件轉移，從而具有無限供給的特徵。
隨着經濟的發展和需求曲線的上移，當勞動供給擴大到Q₂的時候，無限供給變成有限剩餘，拐點出現，工資曲線上翹。

圖 6-5　費景汗和拉尼斯的農村勞動力轉移模型

說明框：第一拐點之前，農業的工資水平為AD保持不變，農業勞動力數量＞OD；第一拐點之後，農業部門工資水平沿着DUI上升，農業勞動力數量減少；第二拐點之後，農業工資水平由勞動的邊際產品來決定，從而實現商業化。

圖中標註：人均農業剩餘曲SIZ，逐漸降到了制度工資S以下。

資料來源：費景漢，古斯塔夫拉尼斯．增長和發展：演進觀點［M］．北京：商務印書館，2004．

表 6-1　　　　　經濟發展期間的轉折點和議程

轉折點名稱	轉折點特徵	轉折期間的議程
劉易斯轉折點	勞動力無限供給結束，普通勞動者工資上漲	催化勞動力市場，改進政府再分配效率，提高政府對改善收入分配的意識
庫茲涅茨拐點	收入分配惡性化的趨勢被遏制，收入差距開始縮小	加大對農業經濟的激勵，提高農業生產率，創造更好的勞動力轉移制度環境
劉易斯第二轉折點（也稱商業化點）	農業和非農業的勞動邊際生產相等	

資料來源：引自蔡昉．劉易斯轉折點——中國經濟發展新階段［M］．北京：社會科學文獻出版社，2008．

6.2.2 判斷依據

一般來說，勞動力的再生產有其內在的規律。然而中國過去30年所執行的計劃生育政策，以及此後經濟與社會的發展，使中國的人口結構發生了重要的變化，中國提前進入到老齡化社會，形成了「未富先老」的格局。當然，思考劉易斯轉折點不能單從人口及勞動力數據給出。歸根究柢，劉易斯轉折點不單需要從人口學因素去識別、考證，更應該從經濟發展的脈絡中去尋求答案，劉易斯轉折點本身就是在二元經濟框架下探討經濟發展階段的變化。因此，除了人口學角度的循證，還需要從經濟發展的相關指標中給出證據。在這樣的研究前提下，我們發現，中國經濟迎來了「民工荒」衝擊、勞動力供給偏緊、農村剩餘勞動力減少、工資上漲不可避免以及由此而帶來經濟增長方式轉變的新階段。綜合人口結構變化、勞動力的轉移狀況、勞動力的供需狀況、收入變動、工資調整等種種證據，筆者認為我們不得不接受這樣一個事實——中國勞動力已經邁入了有限剩餘階段，迎來了劉易斯轉折點。有六個方面的證據：

（1）「民工荒」大範圍出現。從2004年春天開始，「缺工」或「民工荒」等詞彙屢見報端。從沿海地區特別是珠三角開始，到閩東南、浙東南等加工製造業聚集地區，再到長三角和和京津唐地區，直至到江西、湖南、河南這樣的勞動力流出地區，「民工荒」和「技工荒」大範圍蔓延。且這種現象愈演愈烈，除卻2008年金融危機來臨所導致的農民工返鄉潮外，「民工荒」已經成為2009年、2010年、2011年每年都要重複的話題。富士康等勞動密集型企業在河南、湖南、四川等傳統勞動力輸出地的招工，已經演變為政府行政調節干預的行為，僅靠企業、勞動力市場的

力量已經難以滿足這些企業的需求，且缺口不小①。

（2）從業人員增速放緩。自 2006 年以來，中國的城鎮新增就業人數持續降低。在這樣的背景下，從業人數的同比增長率在 2006 年第三季度達到 3.5% 的高點之後出現了反轉，轉入到逐步下降的通道之中②（見圖 6-6）。

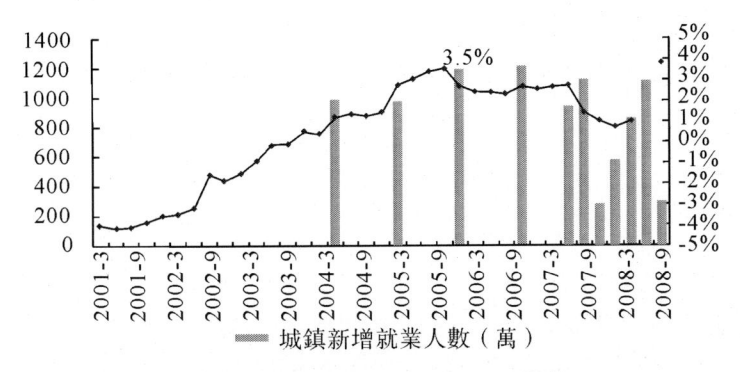

圖 6-6 中國的從業人數增長率處於增幅放緩的狀態

資料來源：CEIC，http://www.ceicdata.com/。

（3）求人倍率不斷上升。短缺的端倪反應在勞動力市場上，直接表現是勞動力供求緊張狀況逐漸緩解，崗位空缺與求職人數的比率上升。自 1998 年以來，城市勞動力市場壓力的一個主要特徵，是用工單位需求人數少於求職人數，此時的求人倍率非常低；但是近期，該比率有不斷提高的趨勢。例如，2001 年 4 個季度的該比率最低時為 0.65，最高僅為 0.75；2002 年最低和最高分別為 0.73 和 0.89，2003 年為 0.86 和 0.90；2004 年為 0.89 和 0.94；此後，該比率繼續保持逐步上升的趨勢。自 2007 第一季度以來，該比率到達了空前的 0.98，直到 2008 年遭遇金融危機才略有下降（見圖 6-7）。求人倍率的上升，表明求職人數和用工

---

① 需要強調的是，在劉易斯轉折點理論範疇內，觀察勞動力的無限供給特徵是否出現變化，主要是探討普通勞動者（或非熟練勞動者），不涉及技術工人（熟練勞動者）的短缺。事實上，技工的缺乏是任何時候、在任何國家都存在的問題，即使是德國這種以高技術工人為產業脊梁的國家，也存在人力資本轉變的必要。所以，屬於結構性勞動力短缺的「技工荒」並不在我們的考察範圍之內；同理，「大學生就業難」也不在考察範圍之內。

② 其中 2010 年三季度的同比增速達到 3.8%，主要緣於低基數因而只是個短期現象。

需求之間的差距在進一步縮小①。

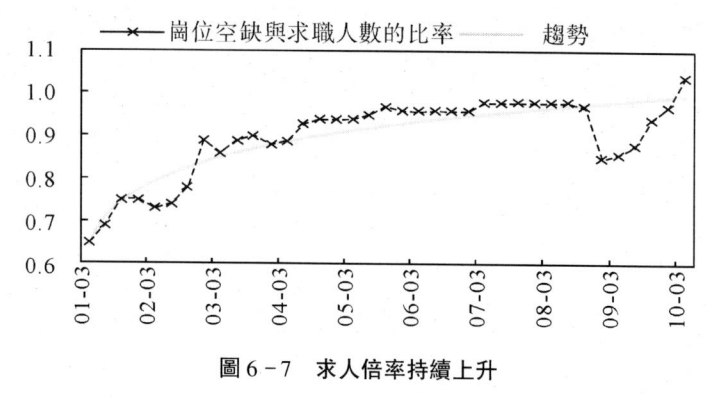

图6-7 求人倍率持續上升

資料來源：人力資源和社會保障部網站（http://www.mohrss.gov.cn/）

（4）勞動力供給缺口出現。供求態勢逆轉背景下，勞動力的供給缺口也逐漸顯現。對於未來的勞動力供求狀況，一項研究表明②，中國在「十一五」期間，勞動力供給已經呈現出加速下降的趨勢。從2004年開始，新增勞動年齡人口持續低於勞動力需求量，而且差距越來越大，即便是最保守的估算，自2010年開始，勞動力的供給量也開始低於需求量。這意味著，「十二五」期間，中國所面臨的勞動力短缺將越來越大。

（5）農村剩餘勞動力數量的減少。從數量標準來看，農村可供轉移的剩餘勞動力數量已經十分有限。根據蔡昉的研究③，

---

① 從求人倍率出發也可以解釋經濟增長的週期性是否是「民工荒」發生的原因，以此來考察勞動力供給的真實狀況。2009年以來再度出現的「民工荒」現象一定程度上是週期性因素造成的。金融危機爆發後勞動力需求驟減，農民工出現返鄉潮，而後隨著經濟的復甦，勞動力需求迅速回升，但工資等涉及勞資關係的問題沒有妥善解決，導致了用工的緊缺，勞動力供不應求。綜合反應勞動力供求狀況的崗位空缺與求職人數比率也由2008年年底的0.85上升至2010年一季度的1.04，這是基於經濟週期因素的一種解釋。但週期性因素並不能完全解釋2000年以來崗位空缺與求職人數比率的變化，更重要的原因是勞動力市場結構性的變化，即勞動力不再無限供給。另外，中國經濟在2008年遭受到前所未有的外部衝擊時，求人倍率也遠遠超出2001年的水準，這是對勞動力寬鬆不再的實證。

② 蔡昉，都陽，王美艷．中國勞動力市場總體狀況［M］//中國勞動力市場發展與政策研究．北京：中國計劃出版社，2006．

③ 蔡昉．劉易斯轉折點——中國經濟發展新階段［M］．北京：社會科學文獻出版社，2008：38．

2005年農村就業人員為4.85億人，實現轉移的農村勞動力分別2億，因此未轉移的勞動力為2.85億。按照農業勞動生產率水準，在留在農村尚未轉移的勞動力中，農業生產尚需要近1.8億勞動力，勞動力剩餘數量僅為1.07億（見表6-2）。這一數值是相對樂觀的估計，在高轉移率和低農業勞動生產率的情況下，剩餘勞動力僅為6,279萬甚至是2,481萬。在這些剩餘勞動力中，40歲以上勞動力是轉移較為困難的群體，其比例約占50%，因此實際可供轉移的剩餘勞動力僅為5,000萬，而遠非通常認為的1億，僅占全部農村勞動力的1/10。

表6-2　中國農村勞動力配置的幾種情形下的剩餘勞動力狀況

	轉移勞動力		農村勞動力		剩餘勞動力	
	數量（萬）	比例（%）	數量（萬）	比例（%）	數量（萬）	比例（%）
情形一	20,000	41.2	17,802	36.7	10,698	22.1
情形二	23,232	47.9	18,989	39.2	6,279	12.9
情形三	23,232	47.9	22,787	47.0	2,481	5.1

註：各種情形都是按照農村勞動力總規模4.85億人估算。

資料來源：蔡昉．劉易斯轉折點——中國經濟發展新階段［M］．北京：社會科學文獻出版社，2008.

（6）工資水準增長加快。這包括了最低工資、農民工資性收入、實際工資水準的上升等現象的出現。一是最低工資標準紛紛上調。在勞動力供求缺口不斷拉大的背景下，各地紛紛上調最低工資標準。2010年，工資上調的步伐在2009年停頓之後再度啟動，全國30個省份上調最低工資標準，增幅多在10%以上，一些甚至在25%以上。2011年伊始，各地又紛紛出抬上調最低工資標準政策①。二是農民工資性收入增長加快。數據表明，2006年以前農民工工資年均增長幅度都小於10%，而2006年之後同比增長突破10%。從農民的工資性收入的變化趨勢看，2005年之後農民工資性收入也開始加速②。三是實際工資水準開始溫和上升。

---

① 國內各地上調最低工資標準．新華網，2011-3-2.
② 資料來源：國家統計局網站（http://www.stats.gov.cn/tjsj/）.

我們可以通過觀察從業人員報酬占 GDP 的比重來分析中國實際工資的變動情況①，中國的實際工資水準在 20 世紀 90 年代中後期出現一波較快增長，2000 年以來在底部抬升的情況下溫和波動。不過，從勞動力供給增長率首次下降的 2004 年開始，實際工資在相對較高的水準上再次溫和上升。由於中國勞動力供給增長率的減速已成為確定的趨勢，未來實際工資水準步入上升將是大勢所趨。現階段年齡、技能約束下的勞動力供給的結構性趨緊，顯然增加了大部分行業勞動力成本上升的可能性。

6.3　劉易斯轉折點及其經濟影響的國際經驗考證

考察劉易斯轉折點是否到來的經驗標準主要有兩條：一是數量標準，即農村剩餘勞動力趨於枯竭；二是價格標準，即城市部門的實際工資水準顯著上升。由於識別劉易斯轉折點涉及比較複雜的問題，本書引用已有的學術成果來考察日本、韓國與臺灣地區的現實狀況及其對經濟的影響，希冀從中獲取對中國劉易斯轉折點到來與保持經濟增長可持續性的經驗與理論的借鑑。Minami②（1968）通過考察傳統部門工資變動、傳統部門工資與邊際勞動生產率的關係、工資差別、現代部門勞動供給彈性等一系列標準來識別日本經濟的轉折點，認為日本經濟的劉易斯轉折點出現在 1960 年前後。Bai③（1982）使用類似的方法考察了韓國的劉易斯轉折點，認為韓國的轉折點出現在 1975 年前後。李月④（2008）則認為臺灣地區的轉折點出現在 20 世紀 60 年代後半期。日本、韓國、臺灣地區三地進入轉型階段的時間分別為 1960 年、

---

①　資料來源：國家統計局網站（http：//www. stats. gov. cn/tjsj/）.

②　Minami Ryoshin, The Turning Point in the Japanese Economy, The Quarterly Journal of Economics 82，1968：380－402.

③　Bai Moo－Ki, The Turning Point in the Korean Economy, Developing Economies, No. 2, 1982, pp. 117—140.

④　李月. 劉易斯轉折點的跨越與挑戰［J］. 財經問題研究，2008（9）.

1975年和1968年。另外根據投資占GDP比重的下降或消費占GDP比重的上升，日本、韓國和臺灣地區進入轉型後階段的時間分別為1974年、1992年和1988年（見表6-3）。

表6-3　　　　　　　　　經濟轉型階段的劃分

國家和地區	轉型前	轉型中	轉型後
日本	1960年以前	1961—1973	1974年以後
韓國	1975年以前	1976—1991	1992年以後
臺灣地區	1968年以前	1969—1987	1988年以後

資料來源：根據給定的文獻總結。

從日本、韓國和臺灣地區的經驗來看，勞動力成本上升等劉易斯轉折點所帶來的新變化推動著經濟的轉型，這主要表現為：

其一，轉折點後經濟增長仍可維持高水準，不會立即導致經濟增速下滑，經濟增速階梯式地下滑發生在轉型後。日本經濟在1960年之前高速增長，雖然轉折點到來，但高增速仍然延續至1973年。經濟增速的持續性下滑發生在1974年之後，平均增速由8.6%下降至4.2%[1]。轉型期經濟仍可保持高增速的兩個主要原因是較高的資本累積速度和技術進步推動。在轉折中，勞動成本雖然上升，但由於初始水準較低，投資能保持較高的回報率。同時上升的勞動成本也開始促使企業使用更新的技術來代替人力，推動了技術進步（見表6-4）。根據Hayashi和Prescott[2]（2002）的研究，全要素生產率的增長是日本1960—1973年間經濟高增長的主要原因，同時資本累積的貢獻也高於1973年之後的各個時期。類似地，我們在韓國和臺灣地區的歷史數據中，同樣觀察到經濟增速在跨越轉折點之後沒有立即出現顯著下滑。

表6-4　　　　　　　　　日本經濟增長來源的分解

---

[1] 日本、韓國、臺灣地區等GDP數據來源於世界銀行網站（www. data. Worldbank. org/indicator/）。

[2] Hayashi Fumio and Edward Prescott, The 1990s in Japan: A Lost Decade, Review of Economic Dynamics, 5, 2002: 206-235.

時期	經濟增速	來自技術進步	來自資本累積
1960—1973 年	7.2%	6.5%	2.3%
1973—1983 年	2.2%	0.8%	2.1%
1983—1991 年	3.6%	3.7%	0.2%
1991—2000 年	0.5%	0.3%	1.4%

註：此處的經濟增速為人均 GDP 增速。

資料來源：Hayashi Fumio and Edward Prescott, The 1990s in Japan: A Lost Decade, Review of Economic Dynamics, 5, 2002: 206-235.

其二，轉折點意味著經濟結構轉型，經濟增長從依賴於投資驅動逐漸轉移到依靠擴大消費，消費占比上升，實現消費升級。長期來看，勞動力成本的上升最終將使消費比例上升而投資比例下降（與轉型前相反的趨勢），但這一現象不會立即顯現，是一個較長的時期，一般在轉型後階段才開始體現，投資依然是拉動經濟增長的主要動力。另外，在這一過程中的勞動力成本的上升會促進收入分配調整，勞動力的收入增加會促進消費增長（見圖6-8、圖6-9、圖6-10）。

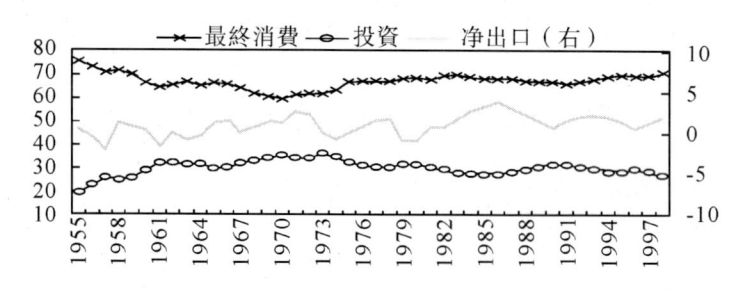

圖6-8　日本GDP結構在轉型階段中的變化

資料來源：CEIC（http://www.ceicdata.com/）

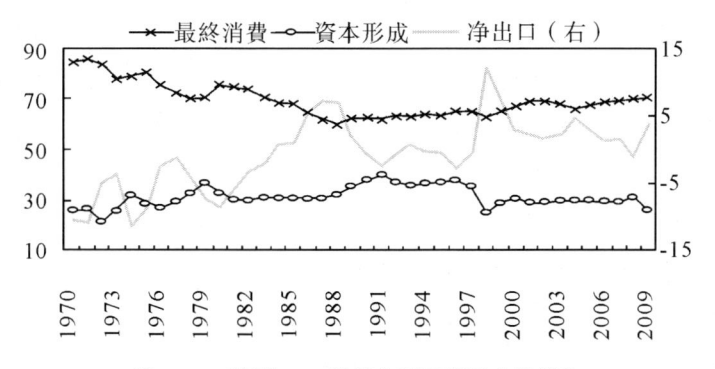

圖 6-9　韓國 GDP 結構在轉型階段中的變化

資料來源：CEIC（http://www.ceicdata.com/）

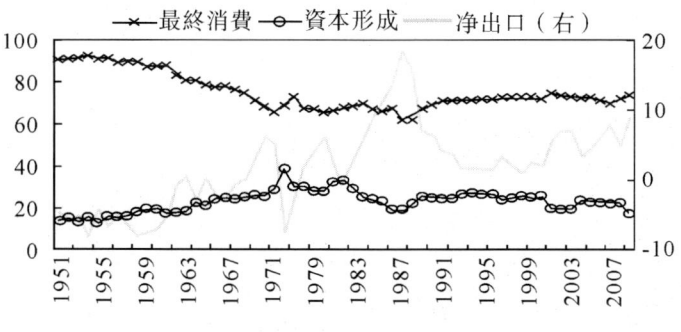

圖 6-10　臺灣地區 GDP 結構在轉型階段中的變化

資料來源：CEIC（http://www.ceicdata.com/）

轉型期收入分配結構也發生了變化，日本的基尼系數從 1962 年的 0.38 下降至 1974 年的 0.34，轉型期收入均等化的趨勢明顯（見圖 6-11）。收入均等化的趨勢也發生在各階層之中，日本轉型期低收入階層的收入增速超過高收入階層。在 1955—1975 年期間，管理者階層的平均收入在 1955 年、1965 年和 1975 年三個時點上是最高的，內部差異也最大，但是管理者階層的收入增長幅度較小，1965 年為 1955 年的 2.4 倍，1975 年為 1955 年的 7.2 倍。同期，非技術職業階層的增長率為 3.7 和 12 倍；農業階層的增長率為 3.1 和 13.8 倍，技術職業階層的增長率為 3.3 和 10.8 倍[1]。收入較低階層的收入增長率超過了高收入階層，這同樣也

---

[1] 富永健一. 日本的階層結構 [M]. 東京：東京大學出版會, 1979.

會帶來消費總量增長和消費結構的變動。

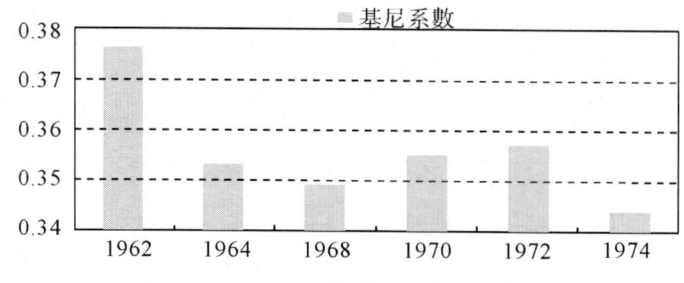

圖6-11　日本轉型期收入均等化趨勢明顯

資料來源：富永健一. 日本的階層結構［M］. 東京大學出版會，1979.

其三，轉折點後意味著產業結構升級（見圖6-12、圖6-13）。主要變現為：①農業部門持續萎縮；②工業和製造業部

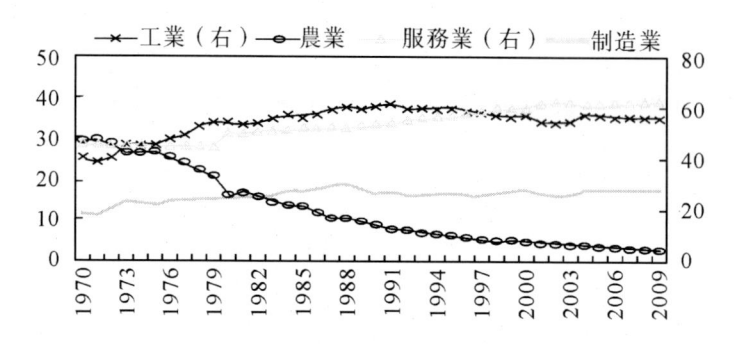

圖6-12　韓國產業結構在轉型階段中的變化

資料來源：CEIC（http://www.ceicdata.com/）

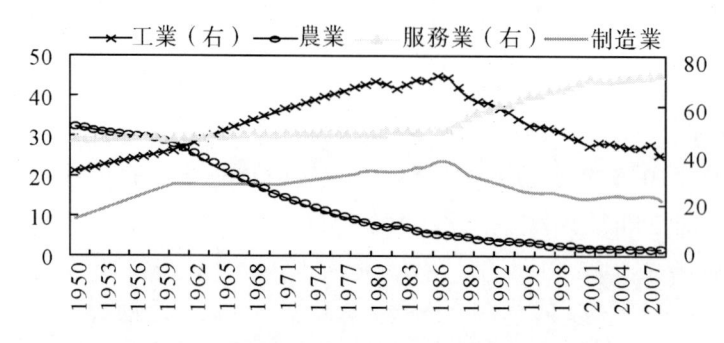

圖6-13　臺灣地區產業結構在轉型階段中的變化

資料來源：CEIC（http://www.ceicdata.com/）

門比重上升放緩，在轉型後期比重逐步下降；③服務業比重持續上升。韓國製造業的經驗表明，轉折點後，機電、電子產品和精細設備等技術含量較高的製造業增速遠超行業平均水準。

在 GDP 增長結構和產業結構變化的同時，消費和製造業內部同樣處於升級的過程。消費升級主要表現在健康、通信、文娛和教育的消費增速顯著上升，其中文娛和教育需求增速的升幅最為突出，這些行業都與服務業的發展密切相關。日本、韓國在劉易斯轉折點之後用了十多年時間實現了產業結構升級，從最初的紡織品，到中期的重化工、重工業，再到後來的電子電器、機械設備和交通設備。製造業升級主要表現為食品製造、紡織服裝、造紙等附加值較低的製造業增速落後於製造業的整體增速，而機電、電子產品和精細設備等技術含量較高的製造業增速遠超行業平均水準。

6.4 劉易斯轉折點與中國經濟增長的可持續性

中國已經邁入劉易斯轉折點後的經濟轉型期，如何保持經濟增長的可持續性，順利跨越「中等收入陷阱」，是一個重大的現實和理論課題。本書根據對劉易斯轉折點的基本理論分析、中國劉易斯轉折點的考察以及劉易斯轉折點的國際經驗借鑑的分析，結合中國經濟增長與轉型的當前現實背景，去思考劉易斯轉折點後的中國經濟增長可持續性這一命題。本書認為，未來中國經濟增長可持續性的前景依然可觀，把握邁過劉易斯轉折點後經濟增長脈絡和路徑，可以通過促進消費增長與升級，推動產業結構升級，縮小城鄉差距和推進城鎮化來實現中國經濟增長的可持續性。

6.4.1 一個基本判斷：增長前景依然可觀

勞動力數量向有限剩餘轉變及勞動力成本的上升將倒逼經濟的轉型，而經濟危機後的政策推動加速了經濟轉型進程。轉型期最大的不確定性來自於經濟增速的變化，我們認為劉易斯轉折點的到來及勞動力成本的上升在現階段並不會影響中國經濟的高速增長。

一是較高的資本回報率對投資者來說仍具有吸引力，資本累積仍然可能高速增長。儘管中國的投資率相當高，但資本回報率同樣非常高，1978年以來的平均水準約為23%，近年來有所下降，約為20%。即使如此，通過與全球其他經濟體比較可以發現，中國資本回報率仍處於很高的水準①。

二是結構調整本身有助於提高中國的全要素生產率（以下簡稱TFP）。有證據表明中國的TFP增長在2000年以後出現下降趨勢，但這並不能說明中國的技術進步正在放緩。在投資和出口導向的作用下，大量的資源流向出口部門，在邊際產出遞減的作用下，即使整個社會技術進步的速度沒有改變，也會表現為TFP增長率的下降。因此TFP增速下降顯示的是資本的「錯配」。Hsieh和Klenow（2009）②的研究發現，如果降低中國的資本「錯配」程度，重新分配資本和勞動力使得資源優化（達到美國資源分配的優化程度），那麼中國的製造業TFP可以上升30%～50%（見圖6-14）。

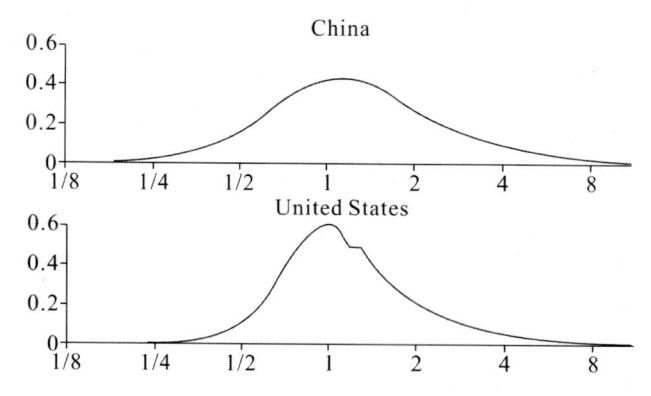

圖6-14　行業邊際產出的分散程度：越分散，TFP越低

資料來源：Bai Chon-En, Chang-Tai Hsieh, Yingyi Qian, The Return to Capital in China, NBER Working Paper, 2006.

---

① Bai Chon-En, Chang-Tai Hsieh, Yingyi Qian, The Return to Capital in China, NBER Working Paper, 2006.

② Chang-Tai Hsieh and Peter J. Klenow, Misallocation and Manufacturing TFP in China and in India, The Quarterly Journal of Economics, Vol. CXXIV November 2009 Issue 4.

三是勞動力成本上升以及第一人口紅利的逐漸消失，給經濟增速帶來壓力，但不能忽視第二人口紅利的作用。第一人口紅利測算的是在人口轉變過程中，由於勞動年齡人口的增長速度超過總人口增長速度帶來的人均收入的增加，隨著勞動人口的增長速度慢於退休年齡人口，人口結構變化的作用就變成抑制人均產出的增長。我們的測算結果表明人口紅利對經濟增長的貢獻率在20%左右。正如我們在前面所指出來的，但未來隨著第一人口紅利的消解，第二人口紅利將會同樣給經濟增長帶來巨大的源泉，這主要取決於我們的經濟發展戰略。

6.4.2　戰略方向之一：促進消費增長與升級

劉易斯轉折點的到來使得勞動力成本上升，這可以提升勞動報酬在國民收入中的比例，促進消費增長和消費結構升級，消費升級將使交通、通信、教育、文娛、醫療和房地產行業的需求快速增長。而消費升級本身也將促進服務業的發展，促進產業結構升級。勞動力成本上升對於促進消費具有三方面的含義：①宏觀上，勞動力成本上升將提升勞動報酬在國民收入中的比例，促使分配結構向勞動力而非資本傾斜，促進分配結構的轉型。這意味著勞動報酬在 GDP 中的比重持續下降的局面將開始扭轉，這與日本、韓國、臺灣地區的轉型經驗是一致的。②促進消費增長。勞動報酬比重的提高必須通過勞動收入增速的提高來實現。收入增長通過邊際消費傾向直接促進消費的增長。經濟理論認為，消費增速對收入增速的彈性較高，收入增長拉動消費的效果明顯。③促進消費升級。以農民工為例，農民工隨著收入的提高，消費傾向呈不斷下降的趨勢，但由於收入的增加，高收入群組的消費支出總額仍然要高於低收入群組，恩格爾系數會隨著收入上升明顯降低，交通、通信和教育文化娛樂服務消費所占比例明顯上升，促進消費升級。

關於消費升級有必要進一步說明：①短期來看，隨著低收入群體收入的增加，消費傾向會增加，中低端消費將會迎來增長，如食品、服裝等，農業部門的現代化及供給將會較大。但著眼於整個轉型過程來看，消費升級仍是主流方向，這將會帶來家庭設

備用品、交通、通信、醫療保健、文教娛樂等相關行業更大的發展。②人口結構的變化和國家政策導向推動消費升級。人口結構的第一個變化是「80後嬰兒潮」一代正在進入主消費時期，目前陸續進入結婚、職業和生子階段。未來5～10年，25～35歲人口比例將持續上升，尤其是25～29歲人口在2010年後將快速上升。這部分消費需求的釋放將拉動內需增長。人口結構的第二個變化是老齡化，未來很長一段時間，中國60歲和65歲以上人口的比例將迅速上升，老齡人口作為一個日益擴大的消費群體，其消費市場還有待大大開發。針對社會的老齡化特徵，可以針對性地發展老年產業，不但可以刺激消費需求拉動經濟，並有望帶來老年住宅、醫療護理、養生保健、服務培訓、老年文化教育以及老年產品製造等一系列行業快速增長。③消費需求的擴張和消費結構的升級，還將推動服務業的發展，促進產業結構優化。

6.4.3　戰略方向之二：推動產業結構升級

劉易斯轉折點後的經濟發展新階段，對經濟增長方式提出了挑戰，中國在國家戰略層面也提出了經濟發展方式的轉變。《中共中央關於制定國民經濟和社會發展第十二個五年規劃的建議》提出要改造提升製造業，培育發展戰略性新興產業，加快發展服務業等，要構建現代產業體系，作為轉變經濟發展轉變的主攻方向。這與劉易斯轉折點後保持經濟增長可持續性的要求是一致的。

跨越勞動力無限供給階段及勞動力成本上升對勞動生產率較低的行業，尤其是紡織、服裝、文體用品、家具、工藝品、塑料製品、木材加工等勞動密集型製造業的影響較大。程漫江等[1]（2010）以2009年數據為例運用統計局公布的工業企業經營指標來分析勞動力成本上升對不同製造業盈利的影響進行了靜態分析，認為在平均工資增長的條件下，製造業利潤將會下降，其中降幅較大的行業是紡織業、服裝、家具、印刷業、文教體育用品、皮毛羽絨製品、塑料製品、橡膠製品、儀器儀表、通信和電子設備

---

[1]　程漫江，葉丙南，李濤. 臨近拐點——勞動力成本上升對經濟和產業結構的影響[J]. 金融發展評論，2010（8）.

及工藝品、文化辦公用品及其他製造行業。製造業的比重下降可能會是中國未來的真實情況，但我們也不能靜態地來看待這一問題。一是中國製造業總量龐大，「世界工廠」的地位一時難以撼動，且中國勞動力數量龐大，勞動力資本終究要反應到經濟增長中去；二是製造業的式微促成了經濟結構的轉型和升級，其他產業部門則會尋找到更大的發展機會，資源配置會流向具有更高利潤、更高效率的產業部門。由此看來，勞動密集型製造業的利潤下降，亦會促進產業結構向利潤率較高、資本密集型的產業以及其他產業部門轉換，以此來抵消勞動力成本的影響，這樣的轉換就促進了中國經濟發展方式的轉變。換句話講，劉易斯轉折點的到來倒逼產業結構升級，從而實現了經濟發展方式轉變。

進一步地，我們以服務業的發展來予以說明。經濟結構的戰略性調整就從以往依賴於投資、出口、消費驅動轉移到依靠擴大消費等內生性驅動上來，服務業的發展在其中居於重要地位，一個明顯的特徵就是服務業比重持續擴大。中國服務業比重的擴大，既是經濟發展規律共性的結果，也具有中國的特殊之處。共性在於服務業比重的擴大是消費升級和勞動力成本上升推動的結果，特殊之處在於中國服務業滯後，有趕超優勢。

一是消費升級將推動服務業比重的上升。生活水準的提高使人們產生越來越多的「非物質」需求，如健康、教育和娛樂等等。如前所述，消費升級促進醫療和教育需求的增長，本身就推動了服務業的發展。就中國而言，消費升級與服務業比重的上升還可以相互促進，形成良性循環。20世紀90年代中期以來，公共服務（教育、醫療、居住、社會保障等）的缺失強化了消費者的預防性儲蓄動機，迫使消費者進一步提高儲蓄率並減少消費。服務業的發展通過彌補這些缺失可以降低預防性儲蓄動機，促進消費的增長。另外，服務業具有勞動密集型的特徵，服務業的發展可以促使收入分配向勞動力傾斜，增加勞動者的收入，也可促進消費。

二是勞動力成本上升將推動服務業比重上升。服務業比重上升符合經濟發展的規律，在勞動力成本上升的轉型階段中，表現更為明顯。由於許多服務無法由機器完成，服務業具有勞動密集

型的特徵，因此服務業的生產率無法較快提高，從而相對於工業和農業來講勞動力成本明確。對服務業需求的增加只能通過增加勞動投入來解決，因此勞動力成本上升將使服務業在 GDP 中的比例上升得更快①。

三是中國服務業發展的後發優勢明顯。2007 年，全球服務業比重已經接近 70%，發達國家更高達 73%，而中國服務業的比重僅為 40%，甚至低於低收入國家 46% 的平均水準②。發展的滯後其實也蘊含了更多的發展潛力和動力，服務業的趕超優勢也將成為經濟結構調整、產業結構升級的重要力量。在這一過程中，社會服務、批發零售和餐飲、科研和綜合技術服務、教育文化、衛生福利、金融保險等將得到更好的發展。

總體而言，服務業發展是隨著劉易斯轉折點的到來所驅動的，也是經濟發展轉變的內在要求。未來隨著國民收入水準的提高，服務業將會進一步擴大，縮小與發達國家的水準，從而保持經濟增長的可持續性。

6.4.4 戰略方向之三：縮小城鄉差距與推進城鎮化

理論分析表明，劉易斯轉折點的到來，現代部門的勞動力增加，有賴於農村剩餘勞動力的進一步轉移，以及傳統農業部門生產率的提高而將農村勞動力以剩餘勞動力形式釋放出來。自然，這就意味著農村勞動力轉移的過程與農業生產率提高的過程是同步的，二者起著相互促進的作用。而城鎮化的過程是農村勞動力轉移的重要渠道，城鎮化進程就是提高農業部門生產率、縮小城鄉差距、促進城鄉二元經濟向一元經濟轉化、傳統農業部門與現代部門生產率差異縮小的過程。目前來看，儘管中國工業化與城鎮化進程加速，農業的產業次序及比重快速下降，農村剩餘勞動力轉移與融入城市仍然不甚樂觀。由此而導致中國城鎮化進程呈現出粗放式擴張的特點，城鎮勞動力擴張迅速，但由於戶籍制度

---

① 服務業增長速度會在勞動投入增加的速度與勞動力成本上升的速度一起作用下加速發展。

② 世界銀行網站（www. data. Worldbank. org/indicator/）

改革和社會保障體系建設等相關制度的限制，對農民工的人力資本投資不足，大量農民工仍然候鳥般遷徙於城鄉之間，難以實現真正的人口城鄉和產業轉換。數據顯示，2009年中國城鎮化率（這一統計口徑為常住人口）達到46.6%，而非農戶籍人口占總人口比僅為33.5%；社會保障覆蓋率水準更是遠遠低於城鎮化水準，2009年的養老保險覆蓋率為23.1%，城鎮職工醫療保險覆蓋率為16.5%，失業保險覆蓋率為16.3%[①]，大量的勞動人口沒有享受到基本的社會保障和公共服務，這其中最多的就是農民工。這也是目前中國城鎮化進程中面臨的最現實、最突出的問題。如果不能有效妥善解決，將會大大制約中國城鎮化進程，並對未來城鎮化的發展帶來不可預知的災難性影響。「拉美陷阱」就是警鐘。

　　城鎮化的推進通過有效地轉移勞動力可以促進農業生產效率提高，從而促進農業增長，實現農業發展推動經濟增長的路徑與發達國家的趨同，中國農業生產的現實對此亦有證明。當前，中國農業生產仍基本延續粗放經營方式，對化肥等物質投入依賴度較高，機械化水準較低，邊際農業生產率提升緩慢，成為影響未來現代部門勞動力供給的重要因素。根據統計數據，1992—2008年，單位農作物播種面積的化肥用量年均增長3.5%，而同期單位面積穀物產量年均增速只有1.7%[②]。而從美國長期經驗來看，1948—2009年，美國農業產出年均增長1.57%，其中，勞動力和資本要素均為負貢獻，分別為-0.51個百分點和-0.09個百分點，物質消耗投入因素貢獻了0.66個百分點，而全要素生產率貢獻了1.52個百分點，貢獻率達到近97%[③]。農業產出的增長依賴於全要素生產率的提高，而非簡單加大投入尤其是勞動力投入。城鎮化的進程就是一個不斷強化農村剩餘勞動力轉移，提高農村生產效率，實現現代部門與傳統部門邊際生產率相等的過程。農業部門或現代農業的發展，城鄉差距的縮小的過程會為經濟增長

---

① 數據來源於國家統計局網站（http://www.stats.gov.cn/tjsj/）
② 國家統計局網站（http://www.stats.gov.cn/tjsj/）。
③ 美國統計年鑑裡面對此有專門計算。轉引自程漫江，葉丙南，李濤．臨近拐點——勞動力成本上升對經濟和產業結構的影響［J］．金融發展評論，2010（8）．

提供一個源泉，這個源泉就是由城鎮化所帶來的紅利。

城鎮化對消費及投資的拉動作用同樣明顯。面對勞動力成本上升壓力和經濟結構戰略性調整對可能帶來的傳統增長源泉消解的局面，中國需要確立加快城鎮化進程的戰略方向，並以此來實現擴大內需和投資驅動的戰略。加快城鎮化，一是可以實現農業勞動生產率快速提高，有利於提高農村居民收入，而隨著農民工真正融入城市，社會保障體系覆蓋率擴大，居民邊際消費傾向與消費占比可以得到明顯提高，這一定程度上可以加快居民消費的增長；二是在為現代部門的新一輪產業結構升級提供勞動力的同時，也有利於拉動城鎮居民消費和基礎設施投資建設。城鎮化對居民消費的拉動作用巨大。二者關係的簡單測算表明，1999—2008年間，城市化拉動中國居民消費年均增長1.6個百分點，會拉動GDP年均增長約0.7個百分點[①]。如果假定未來時期由於人口城市化進程使得城鎮化率年均提高1個百分點，則拉動居民消費年均增長約1.2個百分點，將拉動GDP增長0.5個百分點。

中國的城鎮化率與基礎設施建設還遠遠落後於西方發達國家，城鎮化進程有利於開啓基礎設施投資建設的窗口，直接帶來大量的基礎設施投資需求。此外，城鎮化進程所帶來的居民消費結構升級會對部分基礎設施投資帶來需求，引致中國居民消費結構向十萬元級以上的級別轉換，如汽車產業與住房，汽車消費會直接帶來對高速公路等道路交通建設的需求，住房的需求則會引致包括房屋建設、土地整理、建材等全產業鏈的發展。

統計數據顯示，隨著經濟水準與城鎮化率的不斷提高，人均基礎設施投資水準也在不斷提升。由於中國區域之間的巨大差異，不同區域、省份、城市之間在城鎮化率與基礎設施投資等方面還存在顯著的差距，欠發達或落後的中西部省份，如河南、貴州等省份人均基礎設施投資水準僅為東部發達地區如上海等省市的1/4[②]。當前，區域或跨區域發展規劃正如火如荼地展開，加快城

[①] 即對二者之間做簡單現行迴歸的結果，只為觀察二者關係提出參考。數據來源於中國統計年鑑。

[②] 相關數據來源於國家統計局（http://www.stats.gov.cn/tjsj/）

鎮化的進程都是這些區域規劃的重要方面。從經濟增長的角度來講，在未來新興產業發展還不能真正形成對經濟增長的拉動作用之前，推進基礎設施投資建設，也是加大投資力度、維持較高投資率、拉動經濟增長的一個重要方面。比如城市軌道交通發展，目前全國多個特大城市或正在進行軌道交通的前期工作或繼續加大建設力度，總規劃里程已經超過5,000公里，估計總投資超過8,000億元[1]。當然，我們要規避的是低效的重複投資與不合理的投資衝動，這同樣需要在整體經濟發展框架內予以宏觀調控和正確引導。

6.5 小結

本章首先分析了低生育水準與勞動力供給的關係，認為改革開放以來的勞動力無限供給是中國經濟增長的重要因素，但未來的低生育水準會導致勞動力增速放緩並逐步減少。人口因素影響下的勞動力供給關係轉換的長遠觀點，以及「民工荒」、從業人員增速減緩、求人倍率上升、勞動力缺口顯現、農村剩餘勞動力減少、工資水準上漲等實證層面已經發生的證據，證實了中國的劉易斯轉折點已經到來。在此之上，本章考察了國外劉易斯轉折點到來的經濟影響，包括經濟增長仍可保持，經濟結構、產業結構會發生變化，據此來研究中國現實，認為中國在劉易斯轉折點的新階段仍可繼續保持經濟的持續增長，可以選擇的戰略方向包括促進消費增長和升級，推動產業結構升級，縮小城鄉差距和推進城鎮化。

---

[1] 中國25城市軌道交通規劃總投資估算超8000億元. http://news.qq.com/a/20090227/000876, 2009-2-27。

7

人口老齡化、經濟增長與老年消費市場研究

從全球範圍來看，人口老齡化已經成為一個不可扭轉的人口發展態勢。中國 2000 年邁入人口老齡型社會，隨著生育率的持續降低，人口老齡化將成為未來人口發展的主要形態。無疑，這將會給經濟增長帶來相應影響。本章要回答的問題包括：中國人口老齡化水準處於何種程度？人口老齡化的經濟影響表現在哪些方面？未來人口老齡化對經濟增長的正向效應何在？如何挖掘人口老齡化下的經濟增長的有利方面？由於人口老齡化所涉及的方面與變量過於龐大，且其影響與前面章節存在相一致的地方，因此，本章主要以老年消費市場為例來研究人口老齡化下的保持經濟增長可持續性的方向。

7.1　中國低生育水準與人口老齡化

隨著生育率降低，人口轉變完成，中國在 21 世紀初進入了人口老齡化階段，即 65 歲及以上人口占總人口的比重超過 7%，到 2008 年已經達到了 8.3%。圖 7-1 為中國人口出生率與老年人口比重統計，可以看出，人口出生率與老年人口比重呈現一個同步反向變動的關係，即生育率的降低與老年人口比重增大同步。毫無疑問，人口老齡化的最直接的統計學原因就是生育率的下降。

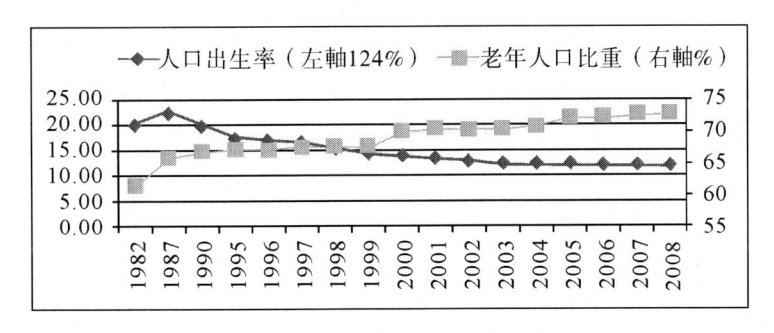

圖7-1　中國人口出生率與老年人口比重統計（1982—2008年）

資料來源：中國統計年鑒（2009）

正如前面章節所述及的，中國的人口老齡化是在計劃生育政策干預下和經濟社會發展雙重推動下完成的。因此，人口老齡化有別於其他地區和國家的特點。主要表現在以下幾個方面：

一是人口老齡化的速度較快，水準較高。從西方國家及歷史經驗來看，一個國家或地區從成年型人口轉向老年型人口，一般需要花50年～100年的時間，但中國的老年人口比重從1982年的4.9%迅速增長到8.3%，僅用了26年，中國的老年撫養比也從1982年的8.0%上升到2008年的11.3%。2008年，65歲及以上老年人口為1.1億，總量比世界上其他很多國家的總人口還要多[1]。

二是老齡化階段推進速度不平衡。根據中國歷次全國人口普查及1%抽樣調查資料，中國老年人口數量從1953年到1964年由年均負增長（-0.53%）轉向正增長，從1964年到1982年，老年人口年均增長速度高達3.93%，比總人口年均增長率高1.8個百分點，是中國第一個老年人口高速增長時期。從1982年到1990年老年人口年均增長率略有下降，但仍高達3.09%。進入20世紀90年代以來，中國老年人口數量又呈加速增長之勢，尤其是進入21世紀以來，老年人口年均增長率高達6.12%，與總人口年均增長率的下降趨勢相反，比總人口年均增長率高5.3個

---

[1] 本節數據除特別交代外，當期數據均來源於中國統計年鑒，預測數據則根據田雪原《21世紀中國人口發展戰略》一書總和生育率為1.5的低方案預測結果。

百分點。

三是人口老齡化在空間分佈上不平衡。根據2005年1%人口抽樣調查變動資料計算，東部地區人口老齡化水準高於中西部地區。其中，上海65歲及以上老年人口所占比重最高，為11.96%，寧夏最低，為6.02%。這種現象主要是經濟發展不平衡以及區域計劃生育政策與效果的不同所引起的。另外，我們還要關注人口老齡化的城鄉分佈問題。僅從指標來看，農村人口老齡化程度沒有城鎮的高，但在當前人口大遷移、大流動的背景下，導致農村青壯年勞動力大規模遷移到城市。因此，從常住人口的角度來考察農村的老齡化程度甚至更高。而且由於農村經濟發展水準與城鎮相比差距較大，農村養老體系不健全，養老供給有限，但養老的實際需求又很大，由此帶來的農村老年人口養老壓力還要大於城鎮。

四是勞動適齡人口內部老化。從1990年到2005年，勞動適齡人口的峰值年齡不斷推後，1990年為15~19歲，2005年則為35~39歲組。未來，隨著人口老齡化的快速發展和年齡中位數的提高，勞動適齡人口老化程度將加深。田雪原等預測表明2050年中國45~64歲的勞動年齡人口將占到49.12%，而15~24歲則僅占到13.82%。

五是人口老齡化向高齡化發展。老年人口的年齡結構向高齡化發展，老年人口的年齡中位數更大，我們可將其稱為人口高齡化。隨著中國人口平均預期壽命延長，生活水準提高，這也是人口老齡化必然會發生的態勢。人口高齡化也意味著生活的自理能力降低，成為社會照料以及醫療關照的重點階層，再加上健康素質的整體下降，高齡老人可能需要更多的經濟幫扶、醫療保障和社會救助救濟等，從而對老年社會保障和公共服務體系提出新的挑戰和要求。

另外，中國已經進入並將長期處於老齡化社會，與生育水準走低同軌，人口老齡化社會在未來將是一個不可逆轉的趨勢。從中國人口老齡化的預測數據來看，2037年到2070年中國老年人口基數平均超過3億，老年人口在2055年達到峰值3.39億，占

總人口比重為27.14%，老年撫養比將在2085年達到峰值，為60.11%（見圖7-2）。這是一個驚人的數據，屆時中國的經濟和社會發展將面臨前所未有的巨大壓力和危機。儘管這樣的預測數據很難真實出現，只是假定在當前的生育水準下未來的人口變動的趨勢，但的確給我們敲響了警鐘。官方同樣意識到這一現實問題，已經提出了警示。正如《中國老齡事業發展「十一五」規劃綱要（2006—2010）》所指出的[①]，「從現在起中國全面應對人口老齡化的戰略準備期只有25年，時間非常緊迫，這一時期既是中國發展的重要戰略機遇期，也是加快老齡事業發展，全面應對人口老齡化最嚴峻時刻到來的關鍵時期。」

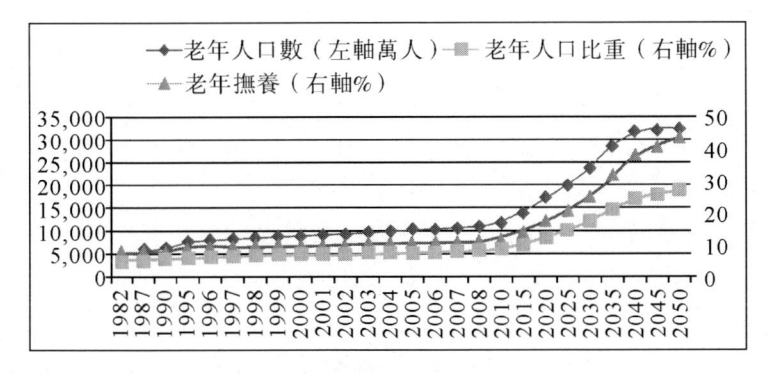

圖7-2　中國老年人口總量、老年人口比重與老年撫養比的變動趨勢（1982—2050年）

資料來源：1982—2008年數據來源於中國統計年鑒（2009），其餘來源田雪原主編的《21世紀中國人口發展戰略研究》中總和生育率為1.5的人口預測結果。

7.2　人口老齡化經濟後果分析

就目前的研究成果來看，西方學者研究人口老齡化對經濟增長的影響主要是從消費、儲蓄率、勞動力生產率、人力資本形成

[①] 全國老齡辦. 中國老齡事業發展「十一五」規劃綱要（2006-2010）. http://www.cncaprc.gov.cn/. 2006-4-30.

和社會養老制度安排的這五個作用機制來看的①。人口老齡化作為人口經濟綜合變量對經濟增長產生影響要經過眾多環節和中間變量，其影響途徑、作用方向等都不是單向或唯一的，多個變量往往相互交織在一起，又因所使用的模型、納入的變量、相關的假設條件、參數值的大小以及國別的差異。因此，在研究人口老齡化與經濟增長的若干變量的關係時，還缺乏一致性的結論。在本書的邏輯體系中，由於人口老齡化對經濟增長的影響的相關作用機制又與前面的生育率、人口紅利、勞動力等於經濟增長的研究有相互交叉的地方。因此，跳出人口老齡化與相關變量的研究框架，集中對中國當前人口老齡化的相關經濟後果進行梳理分析，為在人口老齡化的條件下找到經濟增長可持續的源泉奠定基礎。

7.2.1 人口老齡化與經濟負擔

人口老齡化會導致經濟負擔加重，影響經濟發展的後勁。對中國人口老齡化的一個重要判斷是由鄔滄萍教授提出的「未富先老」，中國在經濟社會發展中首先面對的就是政策干預下的人口加速轉變、未富先老。人口老齡化的加劇使中國成為進入老齡社會較早的國家之一，也是世界上老年人口最多的國家，而總撫養比上升則會導致「人口紅利期」的縮短，勞動力資源的減少和匱乏更是對中國現代化進程構成直接挑戰。這種「未富先老」的人口結構變動態勢，將不利於未來中國經濟社會持續快速發展。

從撫養比的角度來看，隨著人口老齡化的發展，老年人口在總人口中的比重不斷上升，被撫養人口增加，老年撫養系數提高，家庭和社會負擔加重。根據預測結果，中國老年撫養比在未來將繼續快速提高，在 2050 年達到 43.88%。快速攀高的老年扶養比大大加重勞動年齡人口的負擔，這是中國養老保障需要認真面對的嚴峻挑戰，這也會影響到中國經濟社會的可持續發展。從政府財政支出來看，養老金與醫療費用不斷上升，用於老年人口的各項開支逐年遞增，經濟負擔日益增大，從而影響資金累積數量，

---

① 對此參見袁蓓等作出的綜述。袁蓓，郭熙保. 人口老齡化對經濟增長影響研究述評[J]. 經濟學動態，2009 (11).

減弱經濟擴大再生產的能力。從整個社會來看，因為撫養老年人口的主要承擔者是勞動力人口，勞動年齡人口負擔加重。從家庭來看，目前老年人口的主要生活來源還是靠家庭成員供養，也就是說家庭養老仍然是解決老有所養的主要模式。實行計劃生育後，家庭結構發生了變化，逐步形成了「4－2－1」的家庭結構，一對夫婦要供養4個老人，不論是目前的家庭收入，還是夫婦能夠用於贍養的精力和時間，都難以滿足老年人的養老需求。持續下降的生育率使家庭戶規模進一步減少並趨向小型化、核心化。家庭結構的脆弱，使得負擔老人的能力大大降低，難以承受老齡化和高齡化的衝擊。

另外，中國人口老齡化的縱深發展意味著依靠家庭成員供養和領取退休金和基本生活費的被撫養人口將不斷增加，社會保障的支出將不斷增加，社會總的撫養負擔加重。國民收入中用於老年人口的比重將大幅增加，影響財富的分配、資本的累積和形成，限制了社會擴大再生產，影響投資和經濟效率的提高，這會使經濟增長潛力受到影響。目前，發達國家大都面臨這一問題，並對人口老齡化的種種問題進行了深入的反思。預計未來人口老齡化加深所帶來的勞動力資源短缺與勞動力老化的問題還會愈加突出，這無疑會影響經濟效率，抑制經濟增長。

7.2.2 人口老齡化與勞動生產率

人口老齡化會帶來勞動年齡人口規模減小，加之勞動適齡人口內部老化，會導致勞動生產率降低，影響經濟發展的活力。人口老齡化會導致勞動年齡人口規模減小，而勞動力的投入是經濟增長中的基本要素。無疑未來較慢的勞動力增長將會意味著較低的經濟增長，長期的萎縮可能意味著經濟規模萎縮。而人口老齡化過程中的勞動年齡人口的內部老化，即勞動年齡人口的平均年齡的上升，會影響勞動生產率。西方學者通過研究勞動力年齡與勞動生產率的關係發現，勞動力人口進入45歲以後，儘管經驗會比較豐富，但他們的體力、智力、記憶力等都會逐漸衰退，這會導致勞動能力和勞動速度的逐漸縮減，勞動動作的敏捷程度和頭

腦反應速度下降，從而影響生產產品的精密程度和整體質量，影響市場競爭力。如美國的心理學家桑代克（Edward. Thorndike, 1940）、法國著名人口經濟學家索維（Alfred Sauvy, 1954）等對此都有相關論述①。這也是由於身體素質是勞動者素質的自然條件和基礎，而勞動者素質水準是勞動生產率高低的決定因素之一。

勞動力老化對經濟發展和創新的影響在未來可能更加明顯。在現代市場經濟體制條件下，新興的產業和行業不斷湧現，傳統的產業和行業逐漸衰退消失，勞動者的職業變換日益頻繁，老齡勞動者接受新的知識和新的科學技術能力要比青年勞動者遲鈍很多，對新的產業和新的就業崗位的適應能力也要低得多，老化的勞動力較難適應產業結構的調整。日本學者直廣熊川認為，由於人口老齡化和勞動年齡人口的老齡化，日本的勞動生產率將會受到不利的影響，由此會引起日本經濟增長速度的下降。當時他預計，到20世紀末，日本經濟增長率可能下降為1%或者接近零增長②。一個總體的判斷是，人口老齡化對整個經濟的勞動生產率的影響以負面為主。

7.2.3 人口老齡化與產業結構升級

年齡作為人口的基本單元和經濟的基準條件③，使得我們在觀察人口老齡化與產業結構的關係時找到了理論視角。年齡的差異及構成與人口的生產行為和消費行為具有密切的關係，正如上一節分析的人口老齡化對勞動生產率存在負面的影響，同樣人口老齡化會對產業結構所需要的生產要素（勞動力）產生影響，這也是人口老齡化從生產行為影響產業結構。另外，從消費行為來，人口老齡化會因年齡的不同而通過對消費行為產生影響，進而對產業結構產生影響，並存在這樣一個路徑，即需求結構（動因）—消費結構（過程）—產品結構（表現）—產業結構（結

---

① 參見於學軍. 中國人口老化的經濟學研究 [J]. 中國人口科學, 1995 (6).
② 轉引自李通屏等. 人口經濟學 [M]. 北京：清華大學出版社, 2008.
③ 楊中新. 中國人口老齡化與區域產業結構調整研究 [M]. 北京：社會科學文獻出版社, 2005：35-37.

果）。從這樣一個影響路徑出發，我們就可以來分析人口老齡化與產業結構的影響。

從生產行為方面，人口老齡化不利於產業結構調整。正如上節所分析的，勞動力老化會因智力衰退、創新能力不足及學習新興事物能力降低，而難以適應技術變革與產業結構調整所需要的知識更新、職業轉換與流動等，妨礙企業的改革和競爭[1]。但產業結構調整的過程大多是隨技術創新進步而變動的，在這個知識與信息爆炸的時代，新興行業、新興職業、新興知識將層出不窮，而傳統的產業及行業同樣每天都在衰減消退，社會分工日趨複雜。自然，一個老化的人口年齡結構整體對這個時代的適應是相對較慢和遲緩的，人口老齡化對產業結構的調整與變動影響也較為消極。

從消費行為來看，人口老齡化的到來有利於產業結構升級調整。人口老齡化的到來引致了大量的消費需求，老年人口的消費需求是存在一定規律的。一般而言，老年人口邊際消費傾向偏低，但隨著收入水準提高與社會保障健全完善，老年人口消費需求與意願同樣可觀。其消費結構的變化也可主要表述為以下幾個方面：一是公共消費內部結構變化，如教育、科學、文化藝術、圖書、出版等；二是個人消費的轉變，如住房、醫療、安全等需求的變化；三是社會福利、公共服務類的需求增加，如療養院、老年活動中心、老年婚介等；四是高級消費需求，如保健品、綠色有機飲食、休閒度假、金融投資等。這些消費需求有賴於高新技術、生物基金、電子信息、金融產業等的進一步升級發展。所以說，從老年人口消費層面，人口老齡化對產業結構升級調整提出了要求，起到了正向的促進作用。整體來講，人口老齡化對產業結構升級有著消極與積極的影響，我們在應對其消極影響時還應該更多看到積極影響，並以此抵消其消極影響。

綜上，人口老齡化帶給經濟增長的影響已經顯現且將長期存在，除上述分析之外，還有人口老齡化與養老保障、養老金缺口、

---

[1] 楊道兵，陸杰華. 中國勞動力老化及其對社會經濟發展影響的分析 [J]. 人口學刊，2006（1）.

健康與醫療、社會福利設施等方面的問題都需要進一步關注和研究。人口老齡化的負面影響和壓力無疑是經濟增長的累贅，加之人口老齡化是一個不可逆轉的態勢，在積極應對其負面影響時，還應該從人口老齡化對經濟增長的正向影響出發去挖掘相應的增長源泉，以保持經濟增長的可持續性。

7.3 人口老齡化與中國經濟增長的可持續性
——老年消費市場例證

如果將人口老齡化內生於經濟增長來講，理論與經驗上判斷人口老齡化對經濟增長的正向作用有三：①第二人口紅利。即人們在人口老齡化到來的階段，通過平滑其一生的收入，會形成一個額外的新的儲蓄源泉，這有利於資本的累積，促進經濟增長。②人力資本。由於物質資本與人力資本的替代性，為了應對物質資本下降，社會更多偏向減少物質資本投資、多增加人力資本投資，通過教育深化、就業培訓、健康促進等加大對人力資本投資，另外，預期壽命的延長和制度安排（延長退休年齡等）又可以促進人力資本水準的提升，從而促進經濟增長。③消費需求。即人口老齡化所帶來的老年人口消費的擴大和消費結構的變化，進而帶動新的產業機會和促進技術進步，有利於經濟增長。由理論的判斷來看，人口老齡化也並不必然會導致經濟增長的衰退，我們同樣可以挖掘人口老齡化的潛能，以保持經濟增長的可持續性。需要說明的是，人口老齡化與經濟增長的可持續性這一命題過於宏大，本章很難也無法對其內容進行全部的完整視角分析，在這一部分本章主要從老年人口的消費與如何保持經濟增長可持續性進行思考，給出了擴大老年消費市場這一思考視角，以此作為一個例證來進行研究。

筆者認為，擴大老年消費市場是應對人口老齡化的必然要求，是擴大內需、保持經濟增長可持續性的重大戰略舉措。但擴大老年消費市場還存在市場供需矛盾突出、老年產業發展滯後、商業模式缺乏創新、消費市場細分不夠、政府規劃引導不足等問題，

應圍繞完善保障體系、獲取政策支持、發展老年產業、創新產品和服務、養老模式與行銷策略等方面推動中國老年消費市場的快速健康發展，在人口老齡化條件以保持經濟增長的可持續性。

7.3.1 擴大老年消費市場的重要意義

中國是世界上老年人口最多的國家，老年人口基數大，增長速度快，這的確給中國經濟增長帶來很多負面影響。當然，這僅是對人口老齡化對經濟增長影響的單向度的解讀，人是生產者也是消費者，老年人口的增多同樣也會直接引致龐大老年消費市場的形成。隨著中國經濟社會的持續快速發展，養老保障水準和覆蓋面的提高，個人養老保險事業的發展，老年人口收入水準越來越高，對養老服務與產品的購買能力和意願會越來越強，人口、購買力與購買意願這三要素也會在愈發龐大的養老市場裡得到密切的印證，未來也必將成為老年消費市場發展的黃金時期[①]。

一般來講，成熟的老年消費市場可向老年人口提供涵蓋老年人的吃穿住行、文化、娛樂、醫療、保健、運動等各個方面消費需要的商品與服務。目前發達國家已形成規模巨大的老年消費市場，但中國老年消費市場才剛剛起步。不過對中國老年消費市場的研究逐漸為學術界所重視，張純元[②]（1994）認為人口老齡化會帶來老年消費市場的快速發展，周環[③]（2005）從西方消費理論出發考察中國老年市場需求不足的原因，劉超[④]（2005）提出了老年消費市場細分的概念模型等，諸多文獻都指向了老年消費市場的巨大發展空間，發展老年消費市場也成為避免人口老齡化對經濟增長帶來消極影響的重要戰略。現有研究各有側重，是現今全面準確研究老年消費市場的重要參考。

擴大老年消費市場的意義從微觀層面來講，老年消費市場的

---

① 張純元. 中國人口老化與未來市場 [J]. 市場與人口分析，1994（1）.

② 張純元. 中國人口老化與未來市場 [J]. 市場與人口分析，1994（1）.

③ 周環，瞿佳穎. 從西方消費理論看中國老年市場需求不足的原因及啟示 [J]. 世界經濟情況，2005（21）.

④ 劉超. 老年消費市場細分方法與模型 [J]. 消費經濟，2005（5）.

發展滿足了處於養老市場裡的各類老年人口在各個層次對養老服務與產品的需求，企業獲取了投資與盈利的機會，市場容量也得以擴大。從宏觀層面來講，養老市場消費的發展和繁榮會進一步擴大內需，包括大量投資對經濟增長的顯著效應，一定程度上可以使未來中國保持經濟增長可持續性，抵消人口老齡化對經濟增長的負面影響。另外，養老市場繁榮所引致的新的產業機會，更高的勞動參與率，更豐富的人力資本存量以及可能引發的就業制度、養老保障制度的改革，則是未來中國獲取「第二次人口紅利」的重要條件之一[①]。由此，老年消費將成為中國內需的重要組成部分，發展和擴大老年消費市場是應對人口老齡化必然要求，是擴大內需、保持經濟增長可持續性的重大戰略舉措。本章亦是在此基礎上，結合當前經濟社會發展背景以及老年消費市場的階段和特徵，運用相關理論深刻剖析老年消費市場存在的相關問題，並提出擴大老年消費市場的戰略舉措。

7.3.2　當前擴大老年消費市場存在的主要問題

一是市場供需矛盾突出。中國老年消費市場需求已經培育充分。據相關研究[②]，中國老年消費市場2010年達到1萬億元，而目前中國每年為老年人提供的產品和服務不足1,000億元，這是中國老年消費市場面臨的突出現實。隨著老年人口收入水準的不斷提高，消費需求也在不斷提升。尤其是經濟較為發達地區，其養老保障與醫療保障體系較為健全，以居家養老服務為基礎，社區服務為依託，機構服務為輔助的養老服務體系正在逐步建成，包括養老金、離退休金標準的逐步提高，使得老年人的消費觀念發生轉變，對老年產品與服務的需求加大。還有調查數據表明，

---

① 蔡昉. 未來的人口紅利——中國經濟增長源泉的開拓 [J]. 中國人口科學，2009 (1).

② 劉輯，甘源. 中國老年產業發展調查報告 [DB/OL]. http://www.people.com.cn, 2005-9-7.

老年人口對養老機構和養老服務的需求較為顯著[1]。但與消費需求旺盛相矛盾的則是老年消費市場供給不足，市場上養老機構較少，對於老年產品與服務的生產動力不足，企業行為滯後，並在市場上形成了老年人大多抑制消費、老年產品和服務獲利微薄、賺老年人的錢較難等不利於老年消費市場開拓的保守認識。以養老機構為例，就存在供給嚴重不足的問題。一是總體供給能力不足，供需缺口較大。預測表明2050年老年人口對社會養老機構床位數的需求量將達到1,123.23萬張，而目前我們僅有各類養老床位120多萬張，供給矛盾較為突出[2]。二是供給結構不合理。如大部分養老機構只能提供普通生活照料服務，無法充分滿足市場需要。三是服務內容貧乏。現有養老機構能夠提供給老年人的服務大多是簡單的生活需求服務，缺乏深層次的高端優質服務，內容貧乏。四是空間佈局不合理。許多城市的養老機構大多離城區較遠，周邊環境設施較差，佈局不合理，造成了養老設施供給不足，設施利用率低，資源短缺與浪費，降低了養老機構的服務效率。

　　二是老年產業發展滯後。老年產業是以年齡以及由年齡決定的消費特徵為標誌而劃分的產業，即為滿足老年人的特殊消費需求而為他們提供產品和服務的產業，它包括傳統老年產業如服裝、食品、特殊商品、交通、保健、老年福利設施以及現代老年產業如娛樂、旅遊、住宅、社區服務業、老年教育等多種行業。老年產業與老年消費市場相輔相成、相伴而生，會產生一定的聯動效應。應該說老年產業的發展具有良好的條件和基礎，老年消費市場的培育和成熟，家庭結構功能的變化，以及老年人口的收入不斷增加等，都直接構成老年產業發展的基礎。陸杰華[3]（2000）認為，針對老年人需求的衛生醫療業、家庭服務業、日用生活品

---

[1]　郭平，陳剛. 2006年中國城鄉老年人口狀況追蹤調查數據分析[M]. 北京：中國社會出版社，2009.

[2]　朱勇. 少子・老齡化背景下的中國機構養老問題研究[D]. 碩士學位論文，2007.

[3]　陸杰華. 關於中國老年產業發展現狀、設想與前景的理論思考[J]. 人口與經濟，2000（4）.

製造、保險業、健體業、理財服務、旅遊娛樂業、房地產、教育、心理諮詢和婚姻介紹等10大類行業有望成為未來中國老年產業的熱點。但目前現實則是，老年產業發展滯後，並且直接導致了養老消費市場的供給不足。現階段老年產業發展面臨以下主要問題：一是認知缺陷。很多企業認為老年產業投入大，風險高，資金回收週期長，回報低，從而採取觀望態度，制約了產業的發展。二是政策支持欠具體。養老產業仍具有一定的福利性，政府應該也需要對產業發展進行大力支持。但目前較多是原則性的政策，在老年產業所涉及的生產、流通、經營、消費等各個環節，缺少配套的可操作的政策支持。三是規模較小且層次偏低。傳統老年產業涉及的產品及服務單一，層次低，主要在衣食、居住和醫療保健方面提供低層次的服務，而現代老年產業涉及的老年人的文化娛樂和精神享受方面的產品和服務沒有得到很好開發。四是產業標準缺失。目前市場尚未實現規範化和標準化的運作模式，例如家庭服務業中的服務標準，養老機構設立準則等問題大量存在。

　　三是商業模式缺乏創新。老年消費市場發展的巨大潛力要求企業進行商業模式創新，且創新空間巨大。從各個產業發展規律來看，商業模式的創新可以引導消費潮流，拉動需求，並推動產品的更新換代。新型商業模式的確立可以帶來盈利模式的變革，為企業創造大量的利潤，「以房養老」的推出就是生動的例證。但當前老年消費市場的商業模式創新嚴重不足，大多還停留在產品與服務售賣，缺乏對行業資源的有效整合，對消費者市場與行為缺乏深入的研究。以養老機構為例，目前主要的存在形式有：提供簡單家政類服務的企業；以養老院形式存在的民營養老機構，但這類機構沒有依託於社區，缺乏在老年服務和產品方面進行整合，沒有品牌效應，替代性較強；政府投資的福利院、養老所，在服務內容與產品、體制的靈活性、創新與激勵、競爭力等方面劣勢明顯；老年公寓開發企業，主要強調房地產的開發，這類企業在養老服務內容的提供方面明顯不足以滿足老年人的需求；經營老年用品的商店，缺乏服務內容，產品較少，競爭力不夠。這種缺乏對資源整合的狀況直接原因就是養老機構缺乏商業模式創新。而商業模式創新則可有效改善這種現實，比如，由老年公寓

开發企業在強調房地產開發的同時也提供大量的養老服務和產品，包括「一對一」護理照料、醫療保健、文化娛樂、旅遊、法律諮詢、心理健康、金融理財等全面綜合服務，使老年人在公寓內即可享用，這也會極大地滿足老年人口需求，同時大大提高企業的競爭力。

　　四是消費市場細分不足。儘管老年消費市場蘊藏著巨大的發展潛力，但這一異質化的消費群體似乎並未引起行銷者的顯著關注。這或與行銷者並未看到老年消費者所潛藏的巨大消費能力有關；但更與行銷者並不將老年消費群體看作較為獨特的、需要從產品或服務的行銷方式上與其他消費者進行區隔或差異化的細分市場有密切關係。市場細分作為行銷理論的基本概念，對於研究老年消費市場具有重要的意義。從老年消費群體消費行為來看，由於生理、心理等方面的差異性，老年消費群體表現出了明顯的消費市場需求特徵。一般而言，老年人口的需求更傾向於醫療和照料服務，並且具有方便化、保健化和舒適化的消費特點，這是老年消費的基本特徵；老年人口的消費觀念較為成熟和理性，理智型、經濟型和習慣型消費是老年消費的心理特徵；老年人口的消費需求由於年齡、經歷、職業和受教育程度等方面的不同，表現出了比其他年齡段人口還要複雜和多樣的特點，這是老年消費的社會特徵[1]。因此，企業在老年消費市場上絕不能以同質化的方式對待老年消費群體，必須要實施異質化和差異化的行銷方法，對老年消費市場進行細分非常必要。老年消費市場細分的方法很多，可以根據消費者特徵細分市場，包括人口、地域、社會經濟特徵、心理等；也可以通過消費者對產品與服務的需求和感受細分市場，包括產品特徵、利益訴求、使用時機、品牌忠誠度、消費行為等。具體而言，對老年消費市場的細分可依據老年人口收入情況細分為低端消費群、基本消費群、高階消費群；依據老年人口的年齡細分為年齡 50~64 歲、65~74 歲、75~84 歲、85 歲以上的消費群；依據老年人口所在區域細分為城區、城鄉結合部、

---

[1] 何紀周. 中國老年人消費需求和來年消費品市場研究 [J]. 人口學刊, 2004 (3).

農村；根據老年人口的特徵細分為空巢老人、留守老人、高齡老人、失地老人、普通退休老人等。企業可針對老年人口不同劃分標準，來標註相應的目標市場人群，提供個性化、差異化的產品和服務。

五是政府規劃引導不足。老年消費市場作為新興市場，在中國才剛剛起步，還有賴於政策的大力扶持。中國老年消費市場開發不足的原因，除了社會各界還沒有採取積極的行動措施和加大投資力度之外，還存在各級政府和有關部門還沒有真正把老年消費市場的研究納入工作範疇，沒有出抬相應的扶持老年產業的相關政策，沒有及時有效地出抬有利於促進老年消費市場的法律政策和市場規範。政府的忽視會直接導致老年消費市場的疲軟。考察日本老年消費市場發展軌跡便可窺見政府在老年消費市場發展中的重大作用。日本老年消費市場的發展，除了人口老齡化的內在動力和需求以外，政府的政策扶持也發揮了重要作用。日本在20世紀70年代進入老齡化社會後，逐步加大了對社會資本進入老年消費市場的支持力度，確定了老年人的大部分需求由市場來提供的基本原則。日本政府先後頒布了《民營養老院設置和營運指導方針》、《促進福利用具研究開發和普及的法律》、《護理保險法》等一系列關於養老機構、老齡商品和服務等規範老年消費市場的法律政策，建立市場規範，統一行業標準，快速推動了老年消費市場的發展[①]。

7.3.3 推進老年消費市場發展的戰略舉措

當前，進一步擴大老年消費市場，還應採取有效措施解決影響老年消費的一系列問題。要改變現有的觀念約束，充分挖掘老年人口消費潛力，努力培育老年消費的新增長點，切實推進老年產業的轉型升級，創新老年消費產品和服務，使老年消費能成為拉動中國經濟增長的重要動力。具體應包括以下幾個方面：

其一，完善社會養老保障制度。一是堅持覆蓋廣泛、水準適

[①] 秦娟. 日本老年消費市場發展的成功經驗對中國的啟示 [J]. 經濟縱橫，2009 (12).

當、結構合理、基金平衡的原則，逐步建立健全適合中國國情和實現可持續發展的基本養老保險制度。增加各級財政對養老保險基金的投入，逐步做實基本養老保險個人帳戶，加快提高統籌層次。二是對養老保險實行社會統籌和個人帳戶相結合，加大政策強制力度，進一步保證養老保險基金的籌集和建立。三是倡導個人儲蓄養老，鼓勵老年人積極參加養老儲蓄。建立個人養老儲蓄制度，設立養老優惠儲蓄帳戶，對存款數額設定最低的儲蓄限額，保護和鼓勵養老儲蓄。四是要開闢多渠道投資，建立可持續性的保險金體制。設立養老生活保障福利彩票，發揮社會各級養老基金會的作用，積極引導民營資本和國外資金投入老齡事業的發展，逐步形成多元化養老資金的投入機制。五是要積極探索城鄉一體化的最低生活保障制度，逐步實現城鄉養老保障制度的銜接。這一舉措可以實現養老保障制度廣泛覆蓋的原則，緩解由於農村剩餘勞動力向城鎮流動而加劇農村老齡化的棘手問題，也可以擴大農村老年人口消費能力。

其二，強化政府規劃引導。一是政府要為中國老年消費市場的發展提供有力的政策支持和法律規範，從政策和法律層面保證老年消費市場的合理有序運行，要健全老年消費市場的政策法規，為老年消費市場的發展營造有利的環境。政府還應積極組織引導老年消費市場健康成長，發揮政府的指導和監督作用。二是對老年產業應採取福利性商業化運作模式，由政府牽頭，企業主體，市場主導來大力發展老年衛生保健、老年護理、老年娛樂、老年教育、旅遊服務、再就業等老年產業。通過走社會化、產業化的道路，積極構築多層次、全方位的老年產業發展體系。通過滿足老年需求推動老年產業，通過發展老年產業，進一步培育、引導、滿足老年需求。三是把老年產業納入國民經濟發展總體規劃，作為國家扶持行業。制定引導老年產業發展的稅收、信貸、投資等政策，採取稅收優惠、減免費用、信貸支持等措施，採取各種優惠政策對老年產業予以大力發展和扶持，積極鼓勵、引導和規範個體私營和外資等非公有資本參與老年產業的發展。

其三，創新養老產品與服務。一要定期舉辦全國性的老年消費品展覽會，為消費者和生產服務企業提供交易和展示平臺，宣

傳和培育老年消費品牌，這對老年消費市場的發展能起到很好的宣傳和推動作用，加速老年消費市場的發展。二要開發適合老年人消費的旅遊產品。老年人已經成為中國增長最快的旅遊消費人群，大力開發老年旅遊、休閒度假產品，有利於帶動區域經濟的快速發展。三要開發適合老年人居住的老年房地產產品，並相應配套醫療設施、老人食堂、活動中心等，這既能為獨居老人提供安全舒適的住房，又可根據不同需要選擇上門護理照料的級別，提供差異化的養老服務模式。四要開發適合老年人消費的文化產品，要大力開發老年人喜聞樂見、刻畫老年內心世界、滿足老年人多樣化要求的產品，如書籍、電視劇、戲曲等，挖掘老年人的文化消費需求。五要創新金融服務方式，以增加老年人的消費能力，為老年人提供相應理財產品。如「以房養老」的方式，針對有產權房的老年人，老人可以將自己的房屋產權抵押給專門營運該業務的機構，按月從該機構領取現金養老，進而提升老年人的消費能力。

　　其四，創新養老模式。傳統的養老模式可劃分為居家養老、機構養老、社區養老等，但這些養老模式均有其缺點，需要創新養老模式來滿足當前老年人的養老需求。要充分挖掘老年人口的需求，讓各類資本介入養老市場，使之達到養老資源供需均衡、高效率、創新與激勵明顯的目的。可建立「社區＋機構＋家庭」的新型養老模式①。這種養老模式就是由企業將養老機構建到各個社區，機構取代社區居民委員會在養老中的地位和作用，由機構直接面對千千萬萬的老年人家庭，為老年人提供高標準高水準的社會化養老服務。這種模式由信息平臺、社區機構網絡、養老中心與戰略聯盟四個模塊組成，其中，社區機構網絡和養老中心作為養老服務和產品的載體，信息平臺與戰略聯盟則提供了全方位的服務保障平臺。這種模式將養老服務延伸至社區，建立起全方位的覆蓋網絡，有效地整合和利用養老市場資源，也可為居家養老的老年人口提供全方位的標準化社會服務。可提供的服務涵

---

　　① 張俊良，曾祥旭. 市場化與協同化目標約束下的養老模式創新［J］. 人口學刊，2010（3）.

蓋餐飲、票務、照料、醫療、文體娛樂、旅遊、婚姻介紹、金融理財、教育培訓、工作介紹、老年公寓與養老產品的開發等。還可考慮在不同的社區，以某種服務為核心產品，建立各具特色的多種養老的具體形式。如建立醫療照護型服務中心、家政服務型服務中心等。

其五，創新老年消費市場行銷策略。一是要創新產品策略。要積極開發研製老年人產品，根據老年人的需求特點，搞好研製和開發工作。要及時掌握老年消費市場需求變化特點，開闢老年消費者所需要的新產品。二是要創新價格策略。考慮到老年用品定價的理智節儉消費理念與崇尚實用保健、忽視價格因素的雙重矛盾並存，老年用品的價格策略總的原則應該是在保證質量和效用的基礎上，採用較低的價格。三是要創新渠道策略。渠道組織是企業市場行銷的重要環節，是企業核心競爭力的體現。企業要強化行銷渠道的建設。應以增加老年人的便利條件，要貼近老年消費者的消費主張。另外，電子商務作為未來商業的發展方向，老年消費市場同樣要關注這一市場機會。四是要創新促銷策略。關鍵要抓住老年消費者的心理需求，在廣告宣傳方式上用軟性溝通為主，以電視、廣播和報紙作為主要的宣傳媒介；老年產品的廣告定位應該立足於心理訴求，感情傳遞表達上力求動之以情；要經常進行老年產品的推介活動，使老年消費者能夠瞭解產品的功能和使用方法。要創造良好的經營環境，使老年人能開心愉快消費。

7.3.4 簡短結語

隨著中國人口老齡化速度加快，老年人口日益增多，龐大的老年人口所產生的巨大消費需求是我們應對其消極影響的重要武器。從長期來看，老年人口購買力總和將不斷擴大，老年消費將成為中國內需的重要組成部分，老年消費市場也必將迎來繁榮。發展老年消費市場，可以充分滿足億萬老年人日益增長的物質和精神需求，切實提高老年人的生活質量，也是擴大內需、調整產業結構、促進經濟健康和諧發展的有效手段。因此，我們應該緊緊地把握老年消費市場發展的戰略機遇，深刻認識到老年消費群

體的消費需求特徵和擴大老年消費市場存在諸多問題，充分發揮政府規劃引導和社會各界力量，圍繞完善保障體系、擴大需求、增加供給、完善產品和服務、創新養老模式和行銷策略、政策支持等多方面採取切實有效的措施，推動中國老年消費市場的健康有序發展，以保持中國經濟增長的可持續性。

7.4 小結

　　本章主要分析了低生育水準下人口老齡化的特徵，認為與發達國家不同的是，中國的人口老齡化是在計劃生育政策的實施下快速完成的，帶著特有的轉變痕跡，具有老化速度快、總量大、水準高、區域分佈不平衡、勞動人口年齡老化、高齡化等特徵。本章還分析了人口老齡化的經濟後果，有經濟負擔加重、對勞動生產率的負面影響、對產業結構的影響等。這些影響正向和負向效應並存，除積極應對負向效應外，還應該從正向效應的角度去挖掘，並以老年消費市場為例來進行研究。

8

結論與政策方向建議

8.1 幾個基本結論

8.1.1 低生育水準：轉變的積極意義和現實風險

　　人口與經濟增長的理論脈絡研究表明，人口增長一直是一種持續存在的社會經濟系統的外生變量或內生變量，經濟增長同樣受制於或受益於人口增長的速度，也即人口增長速度的改變會影響經濟的平穩運行。馬克思關於人口壓迫生產力或生產力壓迫人口的理論正是對這一規律的生動闡發。自馬爾薩斯以來的關於人口與經濟思想的各個流派都對此進行了相關研究，一個結論性的論述即是人口增長速度的快慢會影響經濟的平穩運行，保持適度人口規模或適度人口變動速度有利於人口與經濟協調發展。而基於人口年齡結構變動的視角則驗證了生育率的降低給經濟增長提供了人口紅利這個額外的增長源泉。

　　中國人口轉變的完成，生育水準的降低，人口增長率的下降，緩解了資源環境的壓力，有利於促進未來人均國民收入水準的提高，有利於形成相對合理的人口年齡結構，有利於人口紅利的形成，有利於改革的整體推進，有利於經濟增長方式的轉變，有利於經濟的平穩健康運行。這是生育率下降對經濟增長的積極影響。本書通過對人口因素與經濟發展的相關關係檢驗、生育率與經濟增長關係的協整分析、經濟增長中的人口因素貢獻等，對此予以了實證性檢驗。低生育水準的持續存在同樣對經濟增長存在若干

的現實風險，人口紅利消解、勞動力短缺、人口老齡化形成、資本的邊際報酬遞減等都會給中國經濟增長的可持續性構成挑戰。由此，思考低生育水準下如何挖掘新的增長源泉，如何應對未來的風險就十分必要。

8.1.2 勞動力：總量貢獻與未來短缺

人口決定了勞動力的供給。勞動力的增長是由前一時期人口增長所決定的，前一時期人口增長越快，則該時期的勞動力增長速度也越快；人口增長率下降，勞動力的增長就會放緩，乃至發生勞動力短缺的現象。中國在改革開放以來的經濟起飛階段，適逢生育率快速下降快速造就的黃金人口年齡結構提供了豐富的勞動力資源，每年大量的新生勞動力供給和農村剩餘勞動力的轉移，正滿足了低層次勞動密集型產業對勞動力的巨大需求，中國順勢成為了「世界工廠」。在工業化初期經濟起飛階段擁有豐富的勞動力資源優勢，進而獲得經濟發展的比較優勢，「東亞奇跡」的現實已充分證明了這一點。顯然，豐富的勞動力資源和充足的產業投資相結合，形成了巨大的生產力，資本回報率持續保持在較高水準，成為改革開放以來推動中國經濟持續高速增長的重要動力。從勞動力貢獻來看，勞動力的充足與二元經濟格局進一步強化了劉易斯轉折點到來前的勞動力市場的「買方市場」的特性和低工資水準下的勞動力無限供給的現實。基於中國比較落後的產業基礎，加之世界產業轉移的「雁陣模型」，發展勞動密集型產業以獲取比較優勢是發展經濟的重要選擇。由此出發，通過勞動密集型的產業安排、就業的廣泛增加、比較優勢的獲取以推進現代部門的迅速擴張成為經濟戰略的重要決策。本書對這一時期勞動力貢獻證實了其對中國經濟增長的貢獻達到 31.67%。

當人口增速下降甚至人口規模絕對減少時，勞動力增長率下降或總量開始減少，未來的人口預測結果對此有充分的說明，即未來中國勞動適齡人口規模與增長速度將經歷由上升到下降的發展軌跡。勞動力市場的供求關係發生重大改變，顯然勞動力「買方市場」的特性將會扭轉，勞動力的無限供給向有限剩餘及勞動力短缺轉變，進而勞動力成本上升，資本邊際報酬遞減的新古典

增長理論的鐵律顯現，這會對經濟增長起到抑制和減緩的作用。就中國來看，勞動力供求關係的轉換導致了劉易斯轉折點的出現，勞動力的短缺對經濟增長方式轉變形成了倒逼機制，傳統的大量低成本勞動力投入，粗放型的增長方式會發生轉變，經濟增長將更加依賴於勞動生產率提高、資本大規模投入、人力資本與技術進步以及全要素生產率的提升。

值得說明的是，未來勞動力短缺的形成與劉易斯轉折點的到來並不會改變勞動力總量大的這一現實，就業促進的基本戰略方向也不應捨棄。從目前來看，中國勞動力的比較優勢依然存在，勞動力成本的上升會促進勞動生產率的提升，即相對工資水準與相對勞動生產率之比——單位勞動成本優勢可以維持在較低水準[①]。而大國的區域不平衡特徵也使得中國內部的產業轉移的「雁陣模型」形成，製造業的國際競爭力猶在。勞動力資源仍是推動經濟增長的重要力量。

8.1.3　人口紅利：消解與續存

西方學者從人口年齡結構入手解釋經濟增長，發現了人口紅利的存在。生育率的下降、人口轉變的完成、人口年齡結構的變化所帶來的人口紅利是經濟增長的重要源泉。人口年齡結構的這種變化將帶來勞動力增加、儲蓄和投資增長、人力投資增加等，從而促進經濟增長。西方發達國家和地區都曾經在特定的發展階段上或多或少地得益於人口紅利。中國的生育率下降，人口轉變同樣帶來了人口紅利。改革開放以來中國人口年齡結構較為年輕，勞動適齡人口比重較高，總撫養比較低，目前正處於人口紅利期。實證表明人口紅利對中國經濟增長的貢獻在 2008 年達到 19.67%。當然，人口年齡結構處於人口紅利期並不必然促進經濟增長，人口紅利的兌現需要具備和創造一系列條件，如教育深化、靈活有效的勞動力市場、有利於資金累積的儲蓄制度、對外開放與貿易政策等。這就要求我們分析制約中國人口紅利兌現因素，

[①] 蔡昉. 未來的人口紅利——中國經濟增長源泉的開拓 [J]. 中國人口科學, 2009 (1).

並制定相應的對策措施使人口紅利能有效地促進中國經濟發展。

人口紅利從來都不是永久性的增長源泉。隨著生育率的持續走低，這種特殊的增長源泉終究要消解。預測表明，少兒撫養比會持續下降，但總撫養比與老年撫養比會逐步上升，人口老齡化會加速發展。如果以 0.5 作為劃分人口年齡結構標準的話，低於 0.5 標準的人口年齡結構稱之為「人口紅利」期或曰「人口盈利」期，則未來 25 年中國還處於人口紅利期，而在 2035 年形成人口紅利與人口負債的轉折點，這將會影響經濟增長的可持續性。充分挖掘人口轉變的潛在貢獻，不僅是中國經濟崛起的重要手段，也是迎接老齡化社會到來的當務之急。這需要在目前中國處於人口紅利的時期圍繞著挖掘人口紅利貢獻的各個方面去進行政策調整，制定相應的對策。充分挖掘人口紅利需要解決的問題可以表達為擴大就業，完善勞動力市場制度，延長退休年齡，加大人力資本投資，養老保障體系建設，進行產業結構調整升級等問題。

另外，在未來人口紅利的消解時期，更應該看到第二人口紅利對未來中國經濟增長的影響。人口老齡化的到來所形成的新的儲蓄動機、老年勞動力的供給會給「未富先老」的中國找到新的增長源泉，而圍繞著教育深化、就業促進、勞動力市場、戶籍以及養老金等方面的制度變革則是促成第二人口紅利實現的關鍵。換句話講，就是在延長第一次人口紅利的同時去創造第二次人口紅利的條件，最終通過促成更多的勞動力供給、新的儲蓄動機以及更豐富的人力資本存量，以促進經濟持續增長。

8.1.4 劉易斯轉折點的到來：是機遇也是挑戰

低生育率與人口轉變顯現出其特有的經濟含義，中國也將會出現一系列具有長期影響的階段性轉變特徵，即通過對勞動力和資本形成特有的生產要素的影響，借由經濟中的二元結構、勞動力市場制度、收入分配等現實條件，對經濟增長產生帶有轉折性質的影響。劉易斯轉折點就是其中的重要現實命題。傳統的農業生產部門的剩餘勞動力通過轉移導致農村邊際生產效率在發生變化，現代工業部門則因工資水準的上升面臨調整與轉換，由此中國經濟開始邁入一個新階段。對這個階段的闡述就是向傳統的長

期以來所依賴的經濟增長源泉——勞動和資本投入逐漸告別，向更多依賴人力資本、資本效能、生產效率以及城鄉差距逐漸縮小，生產模式更加集約的方向轉變。這個經濟發展階段的轉變也是劉易斯轉折點所要揭示的。劉易斯轉折點的出現意味勞動力的供給將不再充分，工資與勞動力成本將不斷上升，更關鍵的是傳統人口紅利消失，而這些恰恰是中國目前保持經濟持續增長的重要因素，這無疑將給中國未來經濟社會發展帶來巨大的影響。

當然，中國是一路向上邁向高收入水準國家還是陷入類似拉美國家的「中等收入陷阱」，這取決於我們對劉易斯轉折點這一重大命題能否深刻把握以及能否實施相應政策調整。比如，對勞動關係的調整、收入分配的調整、城鄉差距的調整、產業政策的調整、勞動力市場制度的調整等。中國目前的低生育水準決定了人口因素將不再推動勞動力供給的增長，而二元經濟向一元經濟的轉換還有待時日。由此，我們在依據劉易斯轉折點的視角去思考未來中國經濟增長可持續性時，就可以找準方向和路徑。

筆者的判斷是劉易斯轉折點已經出現在中國，長遠觀點是人口因素影響下的勞動力供給關係的轉換，實證層面有「民工荒」、從業人員增速減緩、求人倍率上升、勞動力缺口顯現、農村剩餘勞動力減少、工資水準上漲等已經發生的證據。劉易斯轉折點的確意味著勞動力由無限供給向有限剩餘轉換，但這並不意味著中國經濟高速增長的終結。從日本、韓國、臺灣地區的經驗來看，未來中國同樣在相當長的時期內仍將保持經濟增長的可持續性，第二人口紅利可以作為經濟增長的新源泉著重加以利用。我們可能面臨的是經濟結構的戰略性調整，要更加向消費、投資、出口的方向轉換，並積極推動收入分配改革、產業結構升級等。劉易斯轉折點所揭示出來的積極意義就是未來中國同樣可以通過保持投資的力度、促進消費擴大和升級、實施產業結構調整、縮小城鄉差距和積極推進城市化來實現經濟的持續增長。劉易斯轉折點的到來對於今日中國經濟增長的確是機遇與挑戰並存。

8.1.5 人口老齡化：負面影響與積極因素並存

低生育率是人口老齡化的統計學原因。在低生育水準持續或

穩定的未來，人口老齡化也將持續存在。人口老齡化對經濟增長的影響往往涉及消費、儲蓄、資本形成與累積、勞動生產率等方面。無疑，人口老齡化加速發展，將對經濟發展造成全面影響。與發達國家不同的是，中國的人口老齡化是在計劃生育政策的實施下快速完成的，帶著特有的轉變痕跡，具有老化速度快、總量大、水準高、區域分佈不平衡、勞動人口年齡老化、高齡化等特徵。根據預測，人口老齡化程度還將提升到很高水準，到2055年老年人口達到3.39億，比重達到27.14%，這無疑是驚人的數據。除此之外，中國人口老齡化進程嚴重超出經濟發展水準，呈現出明顯的「未富先老」特徵；人口老齡化還將消解人口紅利，這無疑對中國經濟增長形成全面的影響和巨大挑戰。由此帶來的經濟後果更加值得深刻分析，準確把握。人口老齡化會帶來一系列的經濟後果，包括：經濟負擔加重，社會撫養系數加大，勞動年齡人口所要撫養的人數、政府支出、家庭的負擔等都會承擔相當大的壓力；影響勞動生產率，損害未來中國經濟競爭力；影響產業結構，正向的效應和負向並存。

　　對於人口老齡化我們不能僅將視角放在負面效應上。既然其趨勢不可逆轉，我們需要積極發現蘊含在其中的對經濟增長的正向效應。老年人口也是消費人口和生產人口的統一，而從經濟增長角度來講，人口老齡化的到來所引致的第二人口紅利、老年勞動力供給與人力資本效應、老年消費擴展對經濟增長存在正向的積極效應。對此，我們同樣需要厘清，並從中尋找經濟增長的源泉。本書以老年消費市場為例對這命題進行了嘗試性研究，得出了基於人口老齡化保持未來中國經濟增長的可持續性的結論。當然，在人口老齡化的過程中，同樣需要對涉及人口老齡化的養老保障、養老金、老年產業、老年照料等問題進行相關研究。人口老齡化及其應對是未來中國經濟增長過程中必須要面對的重大問題。

8.2 政策方向建議

總體來看，人口因素影響著中國經濟長期平穩較快增長，但也還存在諸多可待挖掘與調整的地方。從人口子系統出發，通過不斷完善調控相關政策，促使經濟持續快速增長，是中國低生育水準下保持經濟持續增長的現實需要。本書認為，主要應從以下幾個方面入手。

8.2.1 調整生育政策，實現人口均衡發展戰略

中國人口與經濟協調發展的一個基點是生育率的問題。在當前低生育水準的現實條件下，就需要尋找可以操作的帶方向性的人口方案，尋求人口長期均衡協調發展。為實現這一目標，需要採用分步走的政策調整戰略。其一，「十二五」前半階段，結合「六普」數據開發，加大低生育水準研究，弄清中國當下的低生育率的真實水準，以為未來生育政策調整尋找基本依據。應逐步考慮生育政策調整試點，如啟動二孩晚育軟著陸政策。並對中國農村地區、貧困地區、少數民族地區、老少邊遠地區以及經濟發達地區的生育政策效果進行梳理、評估，以期為後期制定更加合理有效的生育政策和調整做好前期工作。其二，在弄清真實生育水準的情況下，於「十二五」後半期進行生育政策調整，宜早不宜遲。應從生育的城鄉、民族、區域等角度進行合理地調整，尋求人口長期均衡協調發展。具體而言，要調整主體功能區劃下的限制開發區和禁止開發區的生育政策，滿足生態環境保護與人口發展需求；要調整民族地區生育政策，對於人口基數較大、增長過快的民族人口要堅持收緊生育政策，對人口較少的民族可以實施扶持保護性的生育政策；要調整貧困地區生育政策，進一步完善計劃生育利益導向機制，在政策取向上更加偏重對獎勵措施的使用；要調整城市人口的生育政策，充分考慮其生育意願，適當

放寬生育政策①。筆者認為，現行的生育政策已經到了及時調整的階段，依據生育率的影響因素與國際生育率的研究，即便適度放開生育政策也不會引起人口大規模的反彈，但生育政策的調整對未來人口長期均衡協調發展意義重大。因此，未來十年，是進一步創新工作思路、機制和方法，形成人口均衡發展長效機制的時期；是及時開展生育政策的研究、評估、試點，逐步調整和完善生育政策，掌握生育政策調整時機的重要時期；更是確保未來實現中國人口均衡發展與社會經濟又好又快發展的關鍵時期。

8.2.2 轉變經濟發展方式，實施經濟結構戰略性調整戰略

調整經濟結構，轉變推動經濟增長的源泉。其一，經濟發展方式逐步由目前以依賴於勞動力、資本等要素投入為主的粗放式數量擴張型轉變為以提高勞動生產效率、技術進步、人力資本、全要素生產率提高為主的集約式質量效率型。到目前為止，中國的經濟增長源泉主要依賴於資本和勞動力等生產要素的持續投入，作為處於工業化中期的經濟發展階段的中國，這種傳統的數量擴張型經濟增長方式是不可避免的，而強調經濟發展方式轉變也不是以放棄中國勞動力的比較優勢與製造業的競爭力為代價的增長方式轉變。但為了提高競爭力，實現經濟持續增長，必須加大科技投入，推動科技創新，轉變增長方式，主要依靠技術進步和提高生產率來推動經濟增長。

要加快推進經濟發展方式轉變，調整經濟結構，要以科學的發展理念為指導，更加重視經濟發展的質量和效益，更加重視自和能力建設，更加重視人的全面發展。推進經濟結構調整，應把促進消費、擴大內需作為首要任務，把推進合理城鎮化進程作為重要內容，把加快產業結構優化升級作為重要方面。形成有利於經濟結構調整的制度安排，需要發揮市場「無形之手」的基礎性

---

① 這是一種導向性的方案，生育政策的調整不應是將人群割裂開來，而是應該基於對人人生而平等的考量實施同等的生育政策，生育政策調整的最終目標應該是要向生育權的一致化方向轉變，賦予人民同等公平自由的生育權利。但考慮到當前中國生育政策原本就是差異化的生育政策框架，這一方案主要是尋求在現行生育政策框架內的改良式建議。

作用，發揮政府「有形之手」的關鍵性作用，發揮政績「導向之手」的引領性作用[1]。

加快推進產業結構調整。由於中國區域差異，內部的區域產業結構轉移「雁陣模型」是有效的措施[2]，即充分發揮西部的勞動力比較優勢，提高東部的全要素生產率。目前市場自發調整，東西部的產業轉移亦是明顯的例證。實現產業佈局與人口佈局之間的均衡，要根據經濟發展的要求平衡掌握區域人口和產業的容納能力。只有這樣，一個不斷調整變化發展中的人口大國才能保持自己的產業發展活力和競爭力。

實現「包容性增長」，應對「中等收入陷阱」。中國在由中等收入國家向高收入轉變的過程中，也要避免陷入拉丁美洲式的「中等收入陷阱」。要更加注重收入分配的改革，促進社會和諧；要平衡政府宏觀調控與市場的關係，不至於使經濟走向貧富差距過大的局面；要注重維持社會穩定，減緩各種社會矛盾，促進社會和諧穩定[3]。要將「GDP崇拜」扭轉過來，向「包容性增長」轉變，更加注重民生，更加強調社會矛盾的及時處理與消化，防治城鄉差距過大和兩極分化。

8.2.3 實施勞動力質量替代的人力資本戰略

未來勞動力的逐步短缺需要質量替代的人力資本戰略。具體而言，要保持中國經濟社會的可持續發展，就必須全面提高人口質量。要樹立人才資源是第一資源的觀念，把大力提高人口質量、優先開發人力資源作為實施人口發展戰略的關鍵環節，全面貫徹優先投資於人的全面發展的戰略理念。主要從提高人口健康素質和文化素質出發，來實施優先投資於人的發展戰略。其一，提高人口健康素質是以降低嬰兒死亡率、提高平均預期壽命、降低出

---

[1] 王桂新. 中國人口變動與經濟增長 [J]. 人口學刊, 2010 (3).

[2] 蔡昉, 王德文, 曲玥. 中國產業升級的大國雁陣模型分析 [J]. 經濟研究, 2009 (9).

[3] 鄭秉文.「中等收入陷阱」與中國發展道路——基於國際經驗的教訓 [J]. 中國人口科學, 2011 (1).

生缺陷、提高生殖健康水準、強化疾病預防和控制、強化農村醫療衛生保健等方面為主要內容的。具體來講，包括：提高出生人口素質，加強出生缺陷篩查和治療；提高全民健康素養，倡導健康文明的生活和行為方式，建立以預防為主的公共衛生體系等。其二，提高人口文化素質的最重要途徑是教育，這與內含於人力資本中的知識、技能、經驗、健康都密切相關。要增加國家教育投資、多方辦學，需要調整教育結構，提高人口技能與經驗。要堅持教育優先發展，明確各級政府提供教育公共服務的職責；深化教育體制改革，激發教育發展活力；全面實施素質教育，促進人的全面發展；普及和鞏固義務教育，大力發展職業教育，提高高等教育質量。把提升貧困地區和農村教育擺在突出位置，使義務教育發展水準達到均衡。

　　中國數量龐大的人口資源在一定條件下也可以成為經濟發展不可多得的豐富人力資源。如何有效開發人力資源，並將人力資源轉化為人力資本，關係未來中國經濟增長可持續的戰略目標能否實現。充分發揮中國人力資源優勢有助於中國更快適應知識經濟時代發展，在人口紅利逐漸消失和老齡化問題日益嚴重的未來，促進人力資源向人力資本轉變，也是實現中國轉變經濟增長方式和跨越式發展的重要保障。其一，加大人力資本投資力度，加快建立多渠道多層次的人力資本融資體制。政府作為人力資本投資主體，應加大投資力度，提高人力資本投資在國民生產總值中的比重。同時也急需改變這種由單一的投資主體而導致的投資嚴重不足的狀況，多渠道、多層次地構建多元化人力資本融資體制。通過提倡民間資金辦學，加大民辦職校比例，擴充培訓機構，改善投資效益，實施東西、城鄉對口支援等措施來構建起完整的人力資本投融資體制。其二，實行機制創新，促進人力資源向人力資本的加速轉變。要通過建立起以人力資源開發為中心價值取向的現代企業制度，進一步打破行政配置，堅持和完善人力資源市場化配置。其三，加速人力資本的流動，提高人力資本的收益。要逐步消除包括農村土地制度、戶籍制度在內的各種限制阻礙勞動力合理流動的不合理制度，創建城鄉勞動力平等競爭的就業環境。要完善高素質人力資本的流動機制。

8.2.4　實施勞動力全面流通戰略

劉易斯轉折點的到來表明中國勞動力供給不再無限供給，邁向有限剩餘。當前農村仍然還存在剩餘勞動力沒有徹底轉移出來，轉移出來的勞動力也因戶籍制度等的約束而不能真正融入城市，二元勞動力市場分割的基本現實也還沒有得到妥善的解決，勞動力在產業之間、區域之間、城鄉之間的真正自由流動還存在很多的障礙。這都需要從勞動力市場全面流通的視角來思考。

勞動力的全面流通需要打破人力資源流動的各種障礙和壁壘，需要構建統一、有序、高效的人力資源市場，充分發揮市場配置勞動力資源的基本作用，促進勞動力與經濟活動的高效結合。一是加快戶籍制度改革，國家應盡快拿出全國推進戶籍制度改革的時間表和路線圖，鼓勵地方政府積極探索，最終徹底剝離掉附在戶籍上的福利、身分等，迴歸戶籍制度的人口基本信息登記功能。二是進一步改革土地制度，積極探索多種形式的土地流轉，對土地的入市、上市交易等探索出帶普遍性的新辦法，對農民承包土地要給予充分的保護，杜絕地方政府強行推行用土地換戶籍等政策，要給農民充分的權利進行自由選擇。三是建立城鄉統一的勞動力市場，統籌利用城鄉人力資源。應當消除農村勞動力向城鎮轉移的制度障礙，形成完善的勞動力市場，建立和完善具有可對接性的社會保障體系，使勞動者在勞動力市場上能夠自由流動，創造更高的勞動生產率。四是加快人力資源市場的信息化建設，包括就業平臺、人才網站、信息港、就業服務大廳等信息化的建設等，實現信息的暢通與對稱。要改善就業、再就業、創業、非正規就業等的政策體系，加強勞動立法和保護，政府要調整好勞資關係，充分發揮工會等組織的職能，保護勞動者的基本權利。五是改變傳統的工農「剪刀差」問題，健全工資的市場定價機制，完善最低工資調整等。六是建立全國人口動態管理機制，國家計生委應盡快在流動人口服務與管理「一盤棋」的基礎上，盡快推出人口信息數據系統，並在制度上予以確立，實現全國範圍內的無縫對接管理與人口信息共享。七是對涉及的社會保障、醫療、養老等保障措施以及計劃生育管理、城鄉教育等研究具有可

操作性的方案，快速推進基本公共服務均等化建設。八是大力發展現代農業，促進農村生產效率的提高，以促進農村現存的剩餘勞動力加快轉移到城市現代經濟部門。

8.2.5 利用人口紅利，獲取第二人口紅利戰略

人口年齡結構處於有利於促進經濟增長的人口紅利期，但並不必然促進經濟的增長。兌現人口紅利，需要具備和創造一系列條件，如公共衛生事業的實質進步、有效的計劃生育政策、教育水準的大幅度提高，以及有助於形成靈活有效的勞動力市場、對外開放和提高儲蓄水準的經濟政策等。另外，第二人口紅利的獲取也需要一系列的制度條件，還有待進一步挖掘。在人口紅利的逐漸消解階段，抓住機會收穫中國人口紅利與積極開拓獲取第二人口紅利顯得尤為必要和緊迫。其一，擴大就業，提高勞動參與率。中國現階段的人口紅利期為經濟增長提供了有利的勞動力供給，但隨著人口紅利向人口負債轉變，人口年齡結構優勢不再。這就要最大限度地擴大就業，提高勞動力資源利用率，實施積極的就業促進政策，把擴大就業、緩解失業作為政府最優先的發展目標；要積極進行產業結構調整，抓住產業轉移機會，形成合理的產業層次，大力發展第三產業；要促進中小企業和民營經濟發展，創造更多的就業機會；取消對勞動力流動的各種限制，培育勞動力市場；要積極促進勞動力從農業向非農產業部門轉移，從低勞動生產率部門向高勞動生產率部門流動。其二，要提高老年人口參與經濟活動。老年人口因預期壽命提高、學歷與健康素質的提高，以及老年人口主觀參與的意願甚強，老年人力資源的開發與利用還有很大的空間。要樹立老年人力資源觀，重塑老年人的價值觀、就業觀，積極建立老年人才市場，實行積極的老年人口再就業計劃，逐步推行男女同年齡退休計劃。要強調老年人口的教育與就業技能培訓，積極開展老年大學活動，老年教育進社區、進基層。改變對老年人的「就業歧視」，要重視老年的潛能挖掘和餘熱利用，盡快制定老年人參與勞動就業的相關規劃。其三，改革當前的養老金制度，第二人口紅利中最基礎性的就是要將老齡化社會到來時的新的儲蓄動機轉換為儲蓄行為，並形成有

效的社會資本累積。要改變當前現收現付制度，要做實個人帳戶，形成吸引資金有效累積的局面。要倡導個人儲蓄養老，鼓勵老年人積極參加養老儲蓄。基本養老保險應堅持低水準、廣覆蓋、量力而行、分類指導、逐步發展的原則。在發展基本養老保險的同時，要建立個人養老儲蓄制度，保護和鼓勵養老儲蓄。其四，探索退休最佳年齡，提高勞動力資源利用率。尋求既不會加重失業問題，又有利於提高勞動力資源利用率的最佳退休年齡對於提高勞動資源利用率很有必要。當前延長退休年齡可能時機還未成熟，積極進行前瞻性研究，加強對當前勞動者的教育培訓，提高其人力資本含量，使他們在未來具備延長工作時間的可能是下階段可以去做的事情①。建議採取漸進性的穩妥政策和彈性的退休政策。

8.2.6 積極應對人口老齡化戰略

應對老齡化的困難和問題，這一挑戰與壓力是持續存在的。人口老齡化無論現在還是將來，都會對中國人口、社會、經濟、政治等方面的制度安排產生不可迴避且深層次的影響。由此，面對快速的中國人口老齡化進程，應從全局、戰略、導向的角度出發，以促進老年人的全面發展為目標，重點解決目前突出面臨的養老問題，保障中國經濟社會的可持續發展。其一，盡快邁入高收入國家，跳出「中等收入陷阱」。人口老齡化「未富先老」的基本特徵從根本上來說要大力發展經濟，並考慮到勞動人口年齡結構的變化引致的產業結構調整需求，在做好產業結構升級與產業轉移、發展勞動密集型產業的基礎上，增加知識和技術密集型產業特別是現代服務業，以適應勞動力結構的變化，從而促進經濟健康發展。其二，完善養老保障機制。按照與社會經濟發展水準相適應、多層次與廣覆蓋、正式與非正式制度安排相銜接、城鄉統籌等基本原則，重點推進城鄉養老保障體系的健全與完善，同時逐步完善城鄉的最低生活保障、醫療保障以及照料保障體系。要開闢多渠道投資，建立可持續性的保險金體制。做好政府對老

---

① 蔡昉. 未來的人口紅利——中國經濟增長源泉的開拓 [J]. 中國人口科學, 2009 (1).

年社會保障事業投入的結構調整，建立促進老齡事業發展的長效機制，力爭獲得更好的社會效益和經濟效益，逐步增加對老年服務設施的建設和老年文化教育、老齡科學研究、老年活動等方面的投入。考慮設立養老生活保障福利彩票，發揮社會各級養老基金會的作用，積極引導民營資本和國外資金投入老齡事業的發展，逐步形成多元化養老資金的投入機制。積極探索城鄉一體化的最低生活保障制度，逐步實現城鄉養老保障制度的銜接。其三，積極發展老年產業。可由政府牽頭，市場主導，大力發展老年日常用品、衛生保健、護理、娛樂、教育、旅遊業等產業。以市場導向為主，激活老年產業的資金參與。政府主要起引導作用，設立相應的標準和建立健全法規政策，對於市場前景良好又符合產業開發目錄的產業，政府要給予積極支持。老年產業發展帶來的養老市場繁榮、內需的拉動以及大量投資對經濟增長的顯著效應，可以使中國保持經濟增長可持續性，避免人口老齡化對經濟增長的負面影響。其四，加強基層老年服務體系建設。各級政府應該整合各種資源，引入社會資本，構建政府主導、社會參與的村社服務籌資體系，並從政策優惠、服務機構設置、人員職業化建設等方面給予必要的支持。通過為老年人提供醫療衛生保健服務、文化與教育服務、體育服務、社區養老基礎設施以及高端機構養老服務等，完善養老服務體系建設，以便滿足老年人日益增長的物質和精神需求。

8.2.7 推進城鎮化與擴大消費戰略

城鎮化和擴大消費的戰略是經濟發展方式轉變的需要，是劉易斯轉折點到來後的需要，亦是尋找中國經濟增長源泉，推進經濟又好又快增長的需要。從城鎮化來看，城鎮化是中國經濟社會發展的必經階段，亦是保持中國經濟持續增長的重要動力之一，如何又好又快地推進中國城鎮化進程是一個重大課題。其一，確立城鎮化發展戰略。應該堅持合理控制超大型城市的發展規模，緩解資源環境壓力，積極發展大城市，合理發展中小城市。發揮大城市的規模效應和經濟集聚效應，帶動中小城市發展，完善城市基礎設施建設，提高基礎設施的利用效率。其二，統籌解決轉

移的農村剩餘勞動力的就業問題。大量農村人口向非農產業和城鎮轉移必須有足夠的就業機會予以保證。可通過農業內部產業結構的調整和城鎮勞動力市場的充分開放，特別是城鎮第三產業包括非正規部門的發展，充分發揮民營經濟在吸收就業方面的潛力。其三，改革戶籍制度，實施城鄉統籌戰略。現行戶籍制度阻礙了中國城市化的發展，戶籍制度的改革可在適度城市化前提下進行漸進式的改革，而城鄉統籌則是應對城市單級發展，實現中國人口均衡發展的重要戰略。其四，加強流動人口管理與服務。建立以流動人口流入地管理為主、流入地與流出地管理相結合的管理制度和服務體系，加快流動人口「一盤棋」的全域統籌。引導人口合理有序流動，加大勞務需求信息、職業技能培訓、計劃生育服務與管理及流動人口就業、就醫、定居、社會保障及子女的受教育等公共產品或準公共產品的供給，保護其合法權益，逐步實現公共服務均等化，使流動人口享有與流入地戶籍人口同等的公共服務。

　　從擴大消費的角度來看，龐大的人口規模形成的巨大的消費市場，是保持經濟持續快速增長的重要力量。經濟發展方式轉變和經濟結構戰略性調整正是要把拉動經濟增長的「三駕馬車」中的消費放在第一位。劉易斯轉折點的到來使得勞動力工資水準上升，收入水準提高，加之收入分配改革推行，包括居民財產性收入增長，未來的合理稅率與財政政策，還有居民消費結構也不斷升級等，都為未來擴大消費提供了現實的條件。這促成了規模龐大、收入水準和消費能力都明顯提高的中國人口，形成了龐大的市場潛力和消費需求市場。進一步可以斷定的是，隨著出口的邊際增長的遞減，擴大內需這一戰略將會進一步強化，內需的挖掘和成功與否直接關係經濟能否平穩較快增長，關係經濟增長的可持續性。其一，繼續保障和改善民生，提高居民的收入水準，增強居民消費能力。其二，加大消費市場的建設，鼓勵合理的消費，全面促進消費市場的配套建設。中國未來龐大的老年人口所形成的老年消費市場值得特別關注。其三，加大對消費細分市場研究，政府積極引導資本向相關領域轉移，比如老年消費市場、婦嬰消費市場，繼續大力推進家電下鄉、建材下鄉、汽車下鄉等有利於

擴大消費的政策，並探索出新的有效方式。其四，鼓勵消費領域的創新。積極探索新型的消費金融形態，加強消費信貸的規範與建設，如以房養老的新型老年消費的金融模式可以在全國大範圍推廣。其五，加強投資性消費力度，特別是基礎設施建設力度。國內巨大市場吸引著各方面的投資，特別是中國基礎設施建設水準相對發達國家還較為落後，加快基礎設施建設也是發展中國經濟和滿足公共服務的基本內容。

參考文獻

1. Retherford Robert D, Choe Minja Kim, Jiajian Chen, 等. 中國的生育率：到底下降了多少？[J]. 人口研究, 2004（4）: 3-15.

2. Tyers Rod, Golley Jane. 到2030年的中國經濟增長：人口變化和投資溢價的作用 [J]. 中國勞動經濟學, 2007（1）: 3-30.

3. 蔡昉. 關於中國人口及相關問題的若干認識誤區 [J]. 國際經濟評論, 2010（6）: 81-94.

4. 蔡昉. 劉易斯轉折點後的農業發展政策選擇 [J]. 中國農村經濟, 2008（8）: 4-15.

5. 蔡昉. 破解農村剩餘勞動力之謎 [J]. 中國人口科學, 2007（2）: 2-7.

6. 蔡昉. 中國經濟面臨的轉折及其對發展和改革的挑戰 [J]. 中國社會科學, 2007（3）: 4-12.

7. 蔡昉, 王德文. 中國經濟增長可持續性與勞動貢獻 [J]. 經濟研究, 1999（10）: 62-68.

8. 蔡昉. 人口轉變、人口紅利與劉易斯轉折點 [J]. 經濟研究, 2010（4）: 4-13.

9. 蔡昉. 未來的人口紅利——中國經濟增長源泉的開拓 [J]. 中國人口科學, 2009（1）.

10. 蔡昉. 人口轉變、人口紅利與經濟增長的可持續性——兼論充分就業如何促進經濟增長 [J]. 人口研究, 2004（3）.

11. 蔡昉, 王德文, 曲玥. 中國產業升級的大國雁陣模型分析 [J]. 經濟研究, 2009（9）.

12. 查瑞傳. 關於中國人口年齡結構若干問題的探討 [J]. 人口與經濟, 1996 (2): 3-11.

13. 曹斌. 二元經濟、剩餘勞動力和劉易斯轉折點 [J]. 雲南財經大學學報, 2010 (5).

14. 陳佳瑛. 中國改革三十年人口年齡結構變化與總消費關係研究 [J]. 人口與發展, 2009 (2): 11-19.

15. 陳濤, 陳功, 宋新明, 等. 從人口撫養比到社會撫養比的探索分析 [J]. 中國人口科學, 2008 (2).

16. 陳衛, 沈崢嶸. 中國人口年齡結構變動的政策意義 [J]. 人口研究, 1990 (4): 29-33.

17. 陳瑄. 超低生育水準下的社會經濟可持續發展 [D]. 復旦大學, 2003.

18. 陳友華. 人口紅利與中國的經濟增長 [J]. 江蘇行政學院學報, 2008 (4): 58-63.

19. 陳友華, 米勒·烏爾里希. 人口性別年齡結構分析方法及其在德國的應用 [J]. 人口研究, 2001 (3): 47-54.

20. 成宏. 韓國勞動人口急遽減少 [J]. 當代韓國, 2003 (3): 63.

21. 鄧彬斌. 人口結構轉變過程中生育率與經濟增長的關係 [J]. 當代經濟, 2009 (20): 90-91.

22. 丁越蘭, 張偉琴, 張磊. 不同層次人力資本投資對中國經濟增長貢獻的實證研究 [J]. 電子科技大學學報（社科版）, 2007 (6): 6-8.

23. 都陽. 人口轉變的經濟效應及其對中國經濟增長持續性的影響 [J]. 中國人口科學, 2004 (5).

24. 都陽. 中國低生育率水準的形成及其對長期經濟增長的影響 [J]. 世界經濟, 2005 (12): 14-23.

25. 都陽. 人口轉變的經濟效應及其對中國經濟增長持續性的影響 [J]. 中國人口科學, 2004 (5).

26. 段平忠, 劉傳江. 人口流動對經濟增長地區差距的影響 [J]. 中國軟科學, 2005 (12): 99-110.

27. 高善文. 劉易斯拐點後的中國經濟 [J]. 金融發展評論, 2010（11）: 38-47.

28. 龔建平. 費景漢和拉尼斯對劉易斯二元經濟模式的批評 [J]. 求索, 2003（3）: 35-190.

29. 顧寶昌. 論社會經濟發展和計劃生育在中國生育率下降中的作用 [J]. 中國人口科學, 1987（2）: 2-11.

30. 郭志剛. 關於京津滬超低生育率中外來人口分母效應的檢驗 [J]. 人口研究, 2005（1）: 80-83.

31. 郭志剛. 關於中國1990年代低生育水準的再討論 [J]. 人口研究, 2004（4）: 16-24.

32. 郭志剛. 中國的低生育率與被忽略的人口風險 [J]. 國際經濟評論, 2010（6）: 112-126.

33. 郭志剛. 中國的低生育水準及其影響因素 [J]. 人口研究, 2008（4）: 1-12.

34. 郭志剛, 張二力, 顧寶昌, 等. 從政策生育率看中國生育政策的多樣性 [J]. 人口研究, 2003（5）: 1-10.

35. 國家人口發展戰略研究課題組. 國家人口發展戰略研究報告 [J]. 人口研究, 2007（1）.

36. 韓京清. 中國人口年齡結構變化及其對社會經濟的影響 [J]. 系統工程理論與實踐, 1999（12）: 128-131.

37. 黑田俊夫, 安菁春. 亞洲人口年齡結構變化與社會經濟發展的關係 [J]. 人口學刊, 1993（4）.

38. 衡濤, 梁軒, 胡碧玉. 四川省經濟增長與人口就業的實證分析 [J]. 西北人口, 2005（6）.

39. 侯建明. 低生育水準對中國東北地區未來人口發展的影響 [D]. 吉林大學, 2010.

40. 侯建明, 周英華. 日本人口老齡化對經濟發展的影響 [J]. 現代日本經濟, 2010（4）: 53-57.

41. 胡志丁, 駱華松, 陽茂慶, 等. 人口發展功能區格局下區域經濟增長空間差異及其協調發展 [J]. 熱帶地理, 2010（3）: 248-254.

42. 黃春燕. 人口文化素質與經濟增長：1990－2001［J］. 生產力研究，2004（10）：83－85.

43. 吉田隆彥，曹建南. 人口下降的日本將如何發展［J］. 社會，2001（7）：36－38.

44. 姜濤. 人口轉變的經濟增長效應研究新進展：一個綜述［J］. 西北人口，2008（6）：1－6.

45. 蔣萍，田成詩，尚紅雲. 人口健康與中國長期經濟增長關係的實證研究［J］. 中國人口科學，2008（5）：44－51.

46. 鄭真真. 低生育水準下的生育意願研究［J］. 江蘇社會科學，2008（2）：170－177.

47. 郎永清. 人口效應及其對中國經濟增長的影響［J］. 人口與經濟，2007（4）：1－6.

48. 李建民. 生育理性和生育決策與中國低生育水準穩定機制的轉變［J］. 人口研究，2004（6）：2－18.

49. 李軍. 人口老齡化條件下的經濟平衡增長路徑［J］. 數量經濟技術經濟研究，2006（8）：11－21.

50. 李魁. 人口年齡結構變動與經濟增長［D］. 武漢大學，2010.

51. 李通屏. 論人口對轉變經濟增長方式的影響［J］. 經濟問題，1997（2）.

52. 李通屏. 人口增長對經濟增長的影響：日本的經驗［J］. 人口研究，2002（6）：63－68.

53. 李通屏，郭熙保. 人口控制政策對長期經濟增長的影響綜述［J］. 中國地質大學學報（社會科學版），2009（6）：7－13.

54. 李維森. 西方學者在人口增長對經濟發展的影響問題上的爭論［J］. 經濟研究，1988（7）：74－80.

55. 李文星. 中國人口年齡結構對居民消費的影響研究［D］. 華中科技大學，2008.

56. 李小平. 論中國人口的百年戰略與對策——生育控制與農村社會經濟問題的綜合治理［J］. 戰略與管理，2004（3）：35－47.

57. 李銀珩. 韓國人口結構變化對社會經濟發展的影響及對策研究 [D]. 吉林大學, 2006.

58. 李仲生. 低速增長的英國人口與經濟發展 [J]. 人口與發展, 2009 (6): 99-103.

59. 李仲生. 經濟發展與人口增長的理論分析 [J]. 首都經濟貿易大學學報, 2008 (2): 70-76.

60. 劉貴平. 中國人口年齡結構變動及其若干社會經濟問題 [J]. 人口研究, 1992 (2): 23-28.

61. 劉洪銀. 人口撫養比對經濟增長的影響分析 [J]. 人口與經濟, 2008 (1): 1-6.

62. 劉瑋. 人口紅利消失, 會是中國經濟增長的轉折點嗎 [J]. 數據, 2006 (10): 53-54.

63. 陸杰華, 彭琰. 中國低生育水準下的宏觀經濟後果分析 [J]. 經濟問題, 2000 (9): 54-58.

64. 馬瀛通. 重新認識中國人口出生性別比失調與低生育水準的代價問題 [J]. 中國人口科學, 2004 (1).

65. 馬智利, 徐春耦. 中國人口轉變與經濟增長的實證分析 [J]. 統計與決策, 2007 (13): 74-75.

66. 穆光宗. 「超低生育率」現象分析 [J]. 市場與人口分析, 2005 (4)

67. 潘紀一. 發展中國家的人口增長及其構成對經濟發展的影響 [J]. 世界經濟, 1981 (7): 6-11.

68. 彭秀健. 擴大內需與穩定低生育水準 [J]. 人口研究, 2001 (1): 34-38.

69. 喬曉春, 任強. 中國未來生育政策的選擇 [J]. 市場與人口分析, 2006 (3): 1-13.

70. 人口研究編輯部. 從「民工荒」到「返鄉潮」: 中國的劉易斯拐點到來了嗎? [J]. 人口研究, 2009 (3).

71. 盛朗. 低生育水準下中國人口規模與年齡結構的變化 [J]. 西北人口, 2000 (3): 6-8.

72. 時偉翔, 王成. 中國經濟增長的新路徑選擇 [N]. 證券

時報, 2009－08－22（A15）.

73. 宋保慶, 林筱文. 人口年齡結構變動對城鎮居民消費行為的影響［J］. 人口與經濟, 2010（4）：11－17.

74. 宋光輝. 中國人口與經濟增長長期穩定關係的實證分析（1953－2000）［J］. 西北人口, 2004（3）：15－18.

75. 宋麗敏, 楊志利. 中日人口城市化與經濟增長關係比較分析［J］. 日本研究, 2007（1）：54－59.

76. 孫炳耀. 人口年齡結構與老年社會保障籌資模式［J］. 中國人口科學, 1999（3）.

77. 孫自鐸. 中國進入「劉易斯拐點」了嗎？——兼論經濟增長人口紅利說［J］. 經濟學家 2008（1）.

78. 涂肇慶. 超低生育率演變途徑及蘇緩政策［J］. 市場與人口分析, 2005（4）.

79. 汪丁丁. 中國人口與人力資本問題［J］. IT 經理世界, 2010（7）：93.

80. 王德文. 人口低生育率階段的勞動力供求變化與中國經濟增長［J］. 中國人口科學, 2007（1）：44－52.

81. 王德文, 蔡昉, 張學輝. 人口轉變的儲蓄效應和增長效應——論中國增長可持續性的人口因素［J］. 人口研究, 2004（5）：2－10.

82. 王德文. 人口轉變與東亞奇跡：經驗與啟示［J］. 中國社科院人口與勞動經濟研究所工作論文系列五十四, 2006.

83. 王學義. 人口轉變、人口政策影響經濟增長的可持續性研究［J］. 生態經濟, 2007（10）.

84. 王豐. 全球化環境中的世界人口與中國的選擇［J］. 國際經濟評論, 2010（6）：70－80.

85. 王豐, 安德魯·梅森, 沈可. 中國經濟轉型過程中的人口因素［J］. 中國人口科學, 2006（3）：2－18.

86. 王豐, 郭志剛, 茅倬彥. 21 世紀中國人口負增長慣性初探［J］. 人口研究, 2008（6）：7－17.

87. 王桂新. 中日兩國的人口轉變與人口增長［J］. 人口與

計劃生育，2002（4）：29-34.

88. 王桂新，陳冠春. 中國人口變動與經濟增長［J］. 人口學刊，2010（3）：3-9.

89. 王桂新，毛新雅，張伊娜. 中國東部地區三大都市圈人口遷移與經濟增長極化研究［J］. 華東師範大學學報（哲學社會科學版），2006（5）：1-9.

90. 王洪禮，馮祥立，朱雲飛，等. 城市化發展中的人口與經濟增長［J］. 天津大學學報（社會科學版），2007（2）：156-158.

91. 王會強，朱群. 戰後日本經濟高速增長時期獨特人口年齡結構下的就業政策及其啟示［J］. 日本問題研究，2001（1）：17-20.

92. 王金營. 經濟發展中人口城市化與經濟增長相關分析比較研究［J］. 中國人口. 資源與環境，2003（5）.

93. 王金營，藺麗莉. 中國人口勞動參與率與未來勞動力供給分析［J］. 人口學刊，2006（4）：19-24.

94. 王金營，翟振武，楊江瀾，等. 亞洲發展中國家和地區婦女實際生育水準與更替生育水準的評估［J］. 人口研究，2007（4）：20-26.

95. 王立劍. 人口年齡結構變動對養老保障需求的影響研究［J］. 中國人口. 資源與環境，2010（8）：164-169.

96. 王維國，徐勇，李秋影. 中國人口年齡結構變動對經濟發展影響的定量分析［J］. 市場與人口分析，2004（6）：1-8.

97. 汪小勤，汪紅梅. 「人口紅利」效應與中國經濟增長［J］. 經濟學家，2007（1）.

98. 鄔滄萍. 關於長期穩定低生育水準的理論思考［J］. 人口與經濟，2000（4）：3-9.

99. 鄔滄萍. 人口始終是中國經濟持續增長中的一個重大問題［J］. 人口研究，2006（2）：2-9.

100. 鄔滄萍，孫鵑娟. 穩定低生育水準戰略決策的回顧與前瞻［J］. 浙江大學學報（人文社會科學版），2006（6）：7-13.

101. 鄔紅華, 金榮學. 中國轉型時期人口因素對省際經濟增長差異的實證分析 [J]. 當代經濟研究, 2007 (8): 51-55.

102. 吳國蘭. 中國人口年齡結構的變化及其對社會經濟的影響 [J]. 經濟科學, 1992 (2): 24-28.

103. 吳瑞君, 姚引妹. 上海大都市圈人口發展對經濟增長貢獻的定量分析 [J]. 人口學刊, 2006 (6): 3-7.

104. 徐劍. 中國人口政策效果分析 [D]. 吉林大學, 2010.

105. 徐毅. 劉易斯二元經濟增長理論的一個數理描述 [J]. 數量經濟技術經濟研究, 2007 (1): 118-123.

106. 許非. 快速人口轉變後中國的長期經濟增長 [D]. 復旦大學.

107. 許靜. 中國低生育水準與意願生育水準的差距 [J]. 人口與發展, 2010 (1): 27-37.

108. 顏俊, 毛廣雄. 俄羅斯人口結構研究 [J]. 世界地理研究, 2009 (3): 119-127.

109. 楊斌. 經濟增長理論中的人口問題 [J]. 經濟理論與經濟管理, 2009 (5): 37-42.

110. 楊光輝. 中國人口老齡化與產業結構調整的統計研究 [D]. 廈門大學, 2006.

111. 楊曉猛. 人口壓力與經濟增長: 理論與中國的經驗檢驗 [J]. 中國人口科學, 2004 (6).

112. 楊雲彥. 經濟增長方式轉變與人口均衡發展 [J]. 人口與計劃生育, 2010 (5): 11-12.

113. 易綱, 樊綱, 李岩. 關於中國經濟增長與全要素生產率的理論思考 [J]. 經濟研究, 2003 (8): 13-20.

114. 於學軍. 對第五次全國人口普查數據中總量和結構的估計 [J]. 人口研究, 2002 (3): 9-15.

115. 於學軍, 楊書章. 從21世紀上半葉中國人口變動趨勢看穩定低生育水準的重要性和艱鉅性 [J]. 人口研究, 2000 (2): 1-8.

116. 袁蓓. 人口老齡化對中國經濟增長的影響 [D]. 武漢大

學,2010.

117. 袁蓓,郭熙保. 人口老齡化對經濟增長影響研究評述 [J]. 經濟學動態,2009（11）：114-120.

118. 翟振武,陳衛. 1990年代中國生育水準研究 [J]. 人口研究,2007（1）：19-32.

119. 張純元. 中國人口老化與未來市場 [J]. 市場與人口分析,1994（1）

120. 張存剛. 馬克思的相對過剩人口理論與凱恩斯就業理論的比較 [J]. 教學與研究,2001（7）：39-44.

121. 張煥蕊,呂慶豐. 簡評劉易斯二元經濟模型 [J]. 當代經濟,2008（2）：94-96.

122. 張青. 總和生育率的測算及分析 [J]. 中國人口科學,2006（4）：35-42.

123. 張紹合,賀建林. 從撫養比看中國人口老齡化及其政策取向 [J]. 當代經濟管理,2007（4）：74-76.

124. 張為民,崔紅豔. 對2000年人口普查人口總數的初步評價 [J]. 人口研究,2002（4）：23-27.

125. 張為民,崔紅豔. 對中國2000年人口普查準確性的估計 [J]. 人口研究,2003（4）：25-35.

126. 張維慶. 堅持穩定低生育水準以人的全面發展統籌解決人口問題 [J]. 人口與計劃生育,2006（2）：4-8.

127. 張文娟. 中國老年人的勞動參與狀況及影響因素研究 [J]. 人口與經濟,2010（1）：85-89.

128. 張曉青. 人口年齡結構對區域經濟增長的影響研究 [J]. 中國人口.資源與環境,2009（5）：100-103.

129. 張原震. 低生育水準下的人口與可持續發展 [J]. 鄭州經濟管理幹部學院學報,2002（1）：48-50.

130. 張運峰. 人口增長與經濟增長：基於非規模報酬不變技術的分析 [J]. 統計與決策,2009（24）：123-124.

131. 張俊良,曾祥旭. 市場化與目標化約束下的養老模式創新 [J]. 人口學刊,2010（3）.

132. 趙進文. 中國人口轉變與經濟增長的實證分析 [J]. 經濟學季刊, 2004 (4).

133. 鐘水映, 李魁. 人口紅利與經濟增長關係研究綜述 [J]. 人口與經濟, 2009 (2): 55-59.

134. 鐘水映, 李魁. 勞動力撫養負擔對居民儲蓄率的影響研究 [J]. 中國人口科學 2009 (1).

135. 仲大軍. 勞動人口減少後對中國未來的影響 [J]. 開放導報, 2006 (1): 39-41.

136. 周江濤. 1990年代中國經濟社會因素對生育水準的影響研究 [D]. 華東師範大學, 2008.

137. 周曉嵐. 農村勞動力轉移人口規模能否直接促進轉移經濟效應的增長 [J]. 金融經濟, 2008 (20): 38-39.

138. 朱冬梅. 關於影響生育水準的因素及穩定低生育水準的對策分析 [J]. 西北人口, 2003 (3): 13-15.

139. 朱曉. 中國人口紅利的研究綜述與思考 [J]. 人口與經濟, 2010 (S1): 1-2.

140. 鄭秉文.「中等收入陷阱」與中國發展道路——基於國際經驗的教訓 [J]. 中國人口科學 2011. (1).

141. 自濤濤, 路曉麗, 王文明. 人口紅利對江蘇省經濟增長的影響 [J]. 南京人口管理幹部學院學報, 2007 (3): 66-70.

142. D. 蓋爾·約翰遜. 經濟發展中的農業、農村、農民問題 [M]. 北京: 商務印書館, 2004.

143. 程恩富. 激辯「新人口策論」[M]. 北京: 中國社會科學出版社, 2010.

144. 巴里·諾頓. 中國經濟: 轉型與增長 [M]. 上海: 上海人民出版社, 2010.

145. 蔡昉. 中國人口與可持續發展 [M]. 北京: 科學出版社, 2007.

146. 蔡昉. 科學發展觀與增長可持續性 [M]. 北京: 社會科學文獻出版社, 2006.

147. 蔡昉. 劉易斯轉折點——中國經濟發展新階段 [M].

北京：社會科學文獻出版社，2008．

148．蔡昉．中國人口與勞動問題報告 No.11，後金融危機時期的勞動力市場挑戰［M］．北京：社會科學文獻出版社，2010．

149．蔡昉．中國人口與勞動問題報告 No.8 劉易斯轉折點及其政策挑戰［M］．北京：社會科學文獻出版社，2007．

150．陳明立．人力資源通論［M］．成都：西南財經大學出版社，2004．

151．程亦軍．俄羅斯人口安全與社會發展［M］．北京：經濟管理出版社，2007．

152．戴維·N．韋爾．經濟增長［M］．北京：中國人民大學出版社，2007．

153．多恩布什，費希爾，斯塔茨．宏觀經濟學［M］．7版．北京：中國人民大學出版社，2000．

154．德懷特·H．波金斯等．發展經濟學［M］．北京：中國人民大學出版社，2005．

155．費景漢，古斯塔夫·拉尼斯．增長與發展：演進觀點［M］．北京：商務印書館，2004．

156．封進．人口轉變、社會保障與經濟發展［M］．上海：上海人民出版社，2005．

157．加里·貝克爾．人力資本理論——關於教育的理論和實證分析［M］．北京：中信出版社，2007．

158．林毅夫．蔡昉，李周．中國的奇跡：發展戰略與經濟改革［M］．上海：上海人民出版社，2002．

159．李竟能．現代西方人口理論［M］．上海：復旦大學出版社，2004．

160．李通屏等．人口經濟學［M］．北京：清華大學出版社，2008．

161．李仲生．中國的人口與經濟發展［M］．北京：北京大學出版社，2004．

162．李軍．人口老齡化經濟效應分析［M］．北京：社會科學文獻出版社，2005．

163．李建民主編．中國勞動力市場：前景、問題與對策

[M]．天津：南開大學出版社，2010．

164．梁中堂．論改變和改革計劃生育制度，2007．

165．馬爾薩斯．人口原理［M］．北京：商務印刷館，1992．

166．羅伯特·J．巴羅．經濟增長［M］．上海：上海三聯書店，2010．

167．曼昆．經濟學原理［M］．5版．北京：北京大學出版社，2009．

168．馬西姆·利維巴茨．世界人口簡史［M］．3版．北京：北京大學出版社，2005．

169．潘紀一，朱國宏．世界人口通論［M］．北京：中國人口出版社，1991．

170．斯坦利·L．布魯，蘭迪·R．格蘭特．經濟思想史［M］．北京：北京大學出版社，2008．

171．宋健，金益基．人口政策與國情——中韓比較研究［M］．北京：光明日報出版社，2009．

172．田雪原等．21世紀中國人口發展戰略研究［M］．北京：社會科學文獻出版社，2007．

173．田雪原，王金營，周廣慶．老齡化——從「人口盈利」到「人口虧損」［M］．北京：中國經濟出版社，2006．

174．王學義．人口現代化研究［M］．北京：中國人口出版社，2006．

175．鄔滄萍．人口學學科體系研究［M］．北京：中國人民大學出版社，2006．

176．小羅伯特·E．盧卡斯．經濟發展講座［M］．南京：江蘇人民出版社，2003．

177．西奧多·舒爾茨．對人進行投資——人口質量經濟學［M］．北京：首都經濟貿易大學出版社，2002．

178．楊堅白，胡偉略．人口經濟論［M］．北京：社會科學文獻出版社，2007．

179．楊忠新等．中國人口老齡化與區域與產業結構調整研究［M］．北京：社會科學文獻出版社，2005．

180．閆海琴．世界人口［M］．北京：社會科學文獻出版

社，2009.

181. 曾毅等. 21世紀中國人口與經濟發展［M］. 北京：社會科學文獻出版社，2006.

182. 曾毅等. 低生育水準下中國人口與經濟發展［M］. 北京：北京大學出版社，2010.

183. 張純元，吳忠觀. 馬克思主義人口思想史［M］. 北京：北京大學出版社，1986.

184. 張世晴. 人口——經濟增長的理論研究［M］. 西安：陝西人民出版社，1994.

185. 上海社會科學院人口與發展所. 轉變中的中國與世界人口問題研究［M］. 上海：上海社會科學院出版社，2008.

186. 翟振武. 現代人口分析技術［M］. 北京：中國人民大學出版社，1989.

187. Angus Maddison, Contours of the World Economy（1 – 2030）, Oxford University Press, 2007.

188. Alvin H. Hansen, Economic Progress and Declining Population Growth, The American Economic Review, 1939, 29（1）: 1 – 15.

189. Ansley J. Coale, Edgar M. Hoover, Population Growth and Economic Development in Low – Income Countries: A Case of India』s Prospects, Princeton University Press, 1958: 18.

190. Andrew Mason, Population and the Asian Economic Miracle, Asia – Pacific Population & Policy, 1997, 43: 1 – 4.

191. Bhagwati, Jagdish N. , The Miracle That Did Happen: Understanding East Asia in Comparative Perspective, Keynote Speech at the Conference on Government and Market: The Relevance of the Taiwanese Performance to Development Theory and Policy in Honor of Professors Liu and Tsiang, Cornell University, 1996.

192. Bai Moo – Ki, The Turning Point in the Korean Economy. Developing Economies, 1982（2）: 117 – 140.

193. Bai Chon – En, Chang – Tai Hsieh, Yingyi Qian, the Re-

turn to Capital in China, NBER Working Paper, 2006.

194. Bloom D D., Williamson J. G., Demographic Transitions and Economic Miracles in Emerging Asia, World Bank Economic Review, 1998, 12 (3): 419-456.

195. Bloom D. D., Canning, D., Graham B., Longevity and Life Cycle Savings, Journal of Economics, 2003, 105: 319-338.

196. Charles W. Cobb, Paul H. Douglas, A Theory of Production The American Economic Review, Vol. 18, No. 1, Supplement, Papers and Proceedings of the Fortieth Annual Meeting of the American Economic Association Mar, 1928: 139-165.

197. Colin Clark, Population Growth and Land Use, New York: St. Martin』s Press, 1967.

198. Chang-Tai Hsieh, Peter J. Klenow., Misallocation and Manufacturing TFP in China and in India, the Quarterly Journal of Economics, 2009, CXXIV (4).

199. Dale W. Jorgenson, The Development of a Dual Economy The Economic Journal, 1961, 71 (282): 309-334

200. Evsey D. Domar, Expansion and Employment, American Economic Review 37, March 1947; Also, the Problem of Capital Accumulation, American Economic Review, 1948, 38 (12).

201. Harvey Leibenstein, A theory of Economic Demographic Development, Princeton University Press, 1954.

202. Harvey Leibenstein, Economic Backwardness and Economic Growth, NewYork: JohnWile and Son, 1957.

203. Higgins M, Williamson J. G., Asian Demography and Foreign Capital Dependence, Working Paper, 1996.

204. Hayashi Fumio and Edward Prescott, The 1990s in Japan: A Lost Decade, Review of Economic Dynamics, 2002 (5): 206-235.

205. Kelley A, Schmidt R., Aggregate Population and Economic Growth Correlations: the Role of the Components of Demographic

Change, Demography, 1996, 32 (4): 543 -555.

206. J. M. Keynes, Some Economic Consequences of a Declining Population, Eugenics Review, 1937.

207. John R. Harris, Michael P. Todaro, Migration, Unemployment and Development: A Two - Sector Analysis, The American Economic Review, 1970, 60 (1): 126 -142.

208. Lucas, Robert E., On the Mechanics of Economic Development, Journal of Monetary Economics, 1988, 22 (7): 3 -42.

209. Lindh, T., Malmberg B., Age Structure Effects and Growth in OECD: 1950—1990, Journal of Population Economics, 1999. 12 (3): 431 -449.

210. Lee, Ronald and Andrew Mason, What Is the Demographic Dividend? Finance and Development, 2006, 43 (3).

211. Leff N H., Dependency Rates and Savings Rate. American Economic Review, 1969, 59 (5): 886 -896.

212. Lutz, W., B. C. O⦆ Neill, S., Scherbov, Europe's Population at a Turning Point, Science, 2003, 299: 1991 -1992.

213. L. L. Rybakovskii, O. D. Zakharova, A. E. Ivanova, T. A. Demchenko, Russia⦆ s Demographic Future Russian Social Science Review, 2004, 45 (3): 4 -24.

214. L. L. Rybakovskii, The Demographic Future of Russia and Processes of Migration Sociological Research, 2006, 45 (6): 6 -25.

215. Lewis W., Economic Development with Unlimited Supplies of Labour, Manchester School of Economic and Social Studies, 1954, 22 (2): 139 -191.

216. Mason A., Lee R., Reform and Support Systems for the Elderly in Developing Countries: Capturing the Second Demographic Dividend, Genus, 2006, 57 (2): 11 -35.

217. Mason Andrew, Demographic Transition and Demographic Dividends in Developed and Developing Countries, UN Expert Group

Meeting on Social and Economic Implications of Changing Population Age Structures, 2005.

218. Modigliani F., Life Cycle, Individual Thrift, and the Wealth of Nations, The American Economic Review, 1986, 76 (3): 297-313.

219. Minami Ryoshin, the Turning Point in the Japanese Economy, The Quarterly Journal of Economics, 1968, 88: 380-402.

220. Micheal Todaro, Economic Development in the Third World, New York: Longman, 1981: 173.

221. Paul Romer, Increasing Returns and Long-Run Growth, Journal of Political Economy, 1986, 94 (10): 1002-1037.

222. Paul Romer, Endogenenous Technological change, Journal of Political Economy, 1990, 98 (10): 71-102.

223. Ram R., Dependency Rates and Aggregate Savings: A New International Cross-section Study, American Economic Review, 1982, 72 (3): 537-544.

224. R. F. Harrod, Toward a Dynamic Analysis, London: Macmillan, 1948.

225. Robert Solow, A Contribution to the Theory of Economic Growth, Quarterly Journal of Economics, 1956, 70 (2): 65-94.

226. Robert Solow, Technical Change and the Aggregate Production Function, Reviews and Statistic, 1957, 39 (8): 310-320.

227. Robert Lucas, On the Mechanics of Economic Development, Journal of Monetary Economics, 1988, 22 (1): 3-42.

228. R. Nurkse, Problems of capital formation in underdeveloped countries, Oxford University Press, 1953.

229. R. R. Nelson, A Theory of Low Level Equilibrium Trap in Under-Developoment Countries, American Economic Review, 1956, 46 (5): 894-908.

230. R. A. Easterlin, Populaion Labor Force, and Long Swings in Economic Growth, NBER, 1968.

231. Rand Corporation, Low Fertility and Population Ageing: Causes, Consequences, and Policy Options, 2004.

232. Ronald Lee and Andrew Mason, What Is the Demographic Dividend? Finance & Development, 2006 (3).

233. Sleebos J., Low Fertility Rates in OECD Countries: Facts and Policy Responses, OECD Labour Market and Social Policy Occasional Papers, No. 15, 2003, OECD Publishing.

234. Sala-i-Martin, Xavier X., I Just Ran Two Million Regressions, American Economic Review, 1997, 87 (2): 178-183.

235. V. I. Perevedentsev, The Demographic Prospects of Russia Sociological Research, 2009, 48 (3): 61-80.

236. Wolfgang Lutz, Vegard Skirbekk, and Maria Rita Testa, The Low-Fertility Trap Hypothesis: Forces that May Lead to Further Postponement and Fewer Births in Europe, Vienna Yearbook of Population Research, 2006: 167-192.

237. Williamson, Jeffrey, Growth, Distribution and Demography: Some Lessons from History, NBER Working Paper Series, No. 6244.

後記

人口學最令人著迷的地方在於學科張力很強，在人口學與諸多學科的交叉、邊緣地帶存在大量的學術增長點。正如馬克思在《〈政治經濟學批判〉導言》中提出「人口是一個具有許多規定和關係的豐富的總體」，這些「規定」和「關係」讓「人口」從抽象走向了具體，從混沌走向了清晰，人口學也逐漸獨立出來成為了一門單獨的學科，人口學的研究也變成了張力極強、觸角極廣、爭議極多也極富意思的學術活動。順著人口理論，我系統地學習了人口學知識體系、基本理論與研究方法之後，仍常為一些基本的人口現象和理論問題都存在爭議的狀況所迷惑。之後，我接受了現代經濟學的一些基本訓練，掌握了更多分析框架和方法，再來思考和研究人口問題和現象，我甚至才開始理解「人口是一個具有許多規定和關係的豐富的總體」這句話的真正內涵。當我把目光投向了人口與經濟的結合地帶，這豐富了我的知識體系，延展了我的思維視野。本書選題來源與我學習、思考、研究人口與經濟相關領域的思維演變和邏輯順序是一致的。這項研究，不純是理論上的思考和推演，也不純是現實的對策建議分析，而是努力將理論與實踐進行結合，是一項既有一定原創性，也兼具整合性的研究。當然，這僅是我對這一領域、這一問題的階段性思考和研究的總結，其博大精深之處，或遠未觸及，但不管怎樣，我將繼續思考、研究下去。

作為人生歷程和學術生涯的階段性總結，在此，我要表達最真誠的感謝。首先要感謝我的恩師王學義教授，從師六載，深為吾師學識淵博、縱貫各家的學問所折服，為其高風亮節、甘為人梯的品格所感動，為其生命不息、奮鬥不止的精神所激勵。王老師不以學生卑微而悉心栽培，不以愚鈍而細心傳授，不以不堪而耐心教化，教我聞道、崇德、明理、治學。我亦知自身離老師的要求差距甚大，未來還需要加倍努力，方能不負期許。師母劉華英老師對我照料有加，關懷備至，一併致謝。

我要特別感謝林凌教授。林老先生是中國著名的經濟學家，享有極為尊崇的學術地位，但先生一點都沒有學術泰鬥的架子，對我出版本書多次過問、多次指導，並親自為我題寫序言，這是對我莫大的激勵和鼓舞。我還要特別感謝楊成鋼教授。楊老師多次關心我的學業和進步，常常給我學業方向和人生建議，本書出版也得到了楊老師的親自關心和推動。

我要真誠感謝吳忠觀教授、陳明立教授、劉家強教授、張俊良教授、周葵副教授、俞德怡老師、蘭竹虹老師、陳卓老師趙曦教授、何景熙教授、李通屏教授對本書的指導和幫助。感謝我的同學和好友，一路走來，情誼永存。

最後，我要特別感謝我的父母和家人，沒有你們，就沒有今天的我，我唯有未來人生路上好好做人，努力工作，或可報答萬一！

由於本人學識有限，書中錯誤與不足之處難免。希望得到專家學者及讀者的批評指正，本人將虛心接受批評並不甚感激。

曾祥旭

國家圖書館出版品預行編目（CIP）資料

低生育水準下中國經濟增長的可持續性研究 / 曾祥旭 著. -- 第一版.
-- 臺北市：財經錢線文化發行：崧博，2019.12
　　面；　公分
POD版

ISBN 978-957-735-948-3(平裝)

1.經濟成長 2.生育率 3.中國

552.2　　　　　　　　　　　　　108018081

書　　名：低生育水準下中國經濟增長的可持續性研究
作　　者：曾祥旭 著
發 行 人：黃振庭
出 版 者：崧博出版事業有限公司
發 行 者：財經錢線文化事業有限公司
E - m a i l：sonbookservice@gmail.com
粉 絲 頁：　　　　　網　址：
地　　址：台北市中正區重慶南路一段六十一號八樓 815 室
8F.-815, No.61, Sec. 1, Chongqing S. Rd., Zhongzheng
Dist., Taipei City 100, Taiwan (R.O.C.)
電　　話：(02)2370-3310　傳　真：(02) 2388-1990
總 經 銷：紅螞蟻圖書有限公司
地　　址:台北市內湖區舊宗路二段 121 巷 19 號
電　　話:02-2795-3656 傳真:02-2795-4100　　網址：
印　　刷：京峯彩色印刷有限公司（京峰數位）

　　本書版權為西南財經大學出版社所有授權崧博出版事業股份有限公司獨家發行電子書及繁體書繁體字版。若有其他相關權利及授權需求請與本公司聯繫。

定　　價：380 元
發行日期：2019 年 12 月第一版

◎ 本書以 POD 印製發行